日本の神学を求めて

小野寺功
onodera isao

春風社

日本の神学を求めて　目次

初出　『伝統と創造の課題における日本的霊性の理念』（神奈川県私学教育推進会、一九六九年）

序に代えて　悲劇的体験——大き過ぎる課題——

私はまず本稿の核心的課題の論究に入る前に、「伝統と創造の課題における日本的霊性の理念」といった異色の標題が、一体どのような意図から設定され、何を論じようとするものであるかについて、手短かにその根本動機に遡って弁明を試みたいと思う。

このことと密接に関連し、いささか旧聞に属することではあるが、私は昭和三十八年元旦の毎日新聞に掲載されていた亀井勝一郎氏の「混乱の中の人間形成」と題する鋭い洞察に富む一文を忘れることはできない。そこから啓示に近い深い感銘を受けた記憶がある。

これは、そろそろ日本の中堅層となるべき昭和初期から十年代に生まれた人々への特別な期待と、この人たちが時代史的に果すべき精神的課題とは一体何かを示唆した類い稀な批評的ひらめきをもつ一文であった。

氏が述べておられるように、この世代のほとんどすべての人々は、少年期、あるいは青年期を戦時中に過ごし、自己形成は敗戦の混乱のただ中で行われた。教育環境は全く整備されていなかったし、なにもかも価値が転倒したような激変のさ中である。敗戦と外国軍隊による占領という史上はじめての酷烈な体験が、多感な青春に何を刻印したか、それは人さまざまであろう。あれから二十余年、われわれは欲すると否とにかかわらず、この悲劇的体験の原点に立ち返って自らの思想形成に努めてきたことは確かである。

さらに氏は、明治、大正、昭和と三代にわたって展開してきた近代日本の紆余曲折を極めた政治的、思想的動向を七つの方向に捉えて分析し、これが戦後、一挙に全面的に表面化することによって、日本の思想界がいかに混乱するに至ったかを精細に論じ、この混乱に何らの準備もなく素手で直面しなければならなかったこの世代の苦悩を的確に踏まえつつ、この世代の最深の課題が何であるかを述べている。

一言にしていうならば、根本的問いを問えということであろうか。知的修羅の相貌はわれわれの根本的な特徴である。この歴史的ニヒリズムの普遍体験から、自己と時代のあり方を極限の次元から問えというのである。これだけの体験を土台としながら、この世代の人たちが、明治以後の日本民族の変貌の諸相と特徴とを全面的に検討しつつ、その長所も致命傷も一身に背負い、それ以前の世代が十分に経験しなかった混乱を知的に洗練し、新しい未来を創造していくといった大きな任務を尖鋭に荷うのでなければ、昭和生まれの甲斐はなかろうと極言されている。これは確かに重すぎる課題であるが、この負担を回避することこそ、最大の危険ではないかというのである。

亀井氏のこの提言は、われわれの世代の問題意識の核心をついてあますところがない。

想えば氏が昭和三十三年から書き続けた大作『日本人の精神史研究』は、未完のまま残されたとはいえ、現代日本の根本をみきわめようとする意図の下になされた画期的試みといえるであろう。現代の教育にはこのような根本的問いを問う追求力が欠けているのではあるまいか。

戦後の日本社会の奇跡的復興と、類い稀な経済成長率は、世界の驚異の的であるが、逆に精神的混乱はそれと反比例して分裂の度を深めている。そして、私が心の深層から常に祈念してやまないような、現代日本の新しい精神可能性を、霊性的、宗教的次元から清新に示してくれるような思想の内的徴候は依然としてどこにもみられない。現代の課す問いの重みは、たとえばマルクスの生涯的業績を逆説的に遥かに超えるような、一種の精神的・霊的『資本論』の出現を強く要請しているのではあるまいか。

現在、時代史的に要請されている最も緊急にして深き課題とは、政治・経済の安定もさることながら、人間も文化も「そこからそこへ」というような最根源的な立場に透徹することであり、歴史的ニヒリズムの根底から、新たな思想形成の原点を求め、そこからあらゆる社会・文化・人間の未来像に光を与えるような根源を探究する、深くして広い視野に立つ思想的課題が先行するのでなければならない。このことがいかほど切実に求められているかは、たとえば現在の道徳教育論議・理想的人間像の行方、大学問題などの収拾のつかない紛糾と混乱を見れば自ずから明らかであろう。

それ故、われわれは以上述べてきた大き過ぎる課題を、われわれの魂の歴史的深層体験を媒介として、「伝統と創造の課題における日本的霊性の理念」として定式化したいと思う。

そして、トインビーが的確にも指摘しているように、近代日本百年の再出発は、その究極において、ヨーロッパ的とか、東洋的心とかを超えた、真に普遍的なものに到達するための試みへの出発である。われわれはあらゆるものを柔軟に摂取、消化しながら、日本的であることによって世界的であるような文化創造の道と、その論理を、今こそきびしく追求していくべきであろうと思う。その気迫が教育の質を決定するであろう。

以上のことを前提にしながら、私がここで端的に問題にしようとしているのは、「世界史的立場に立つ日本精神」というべきものの探究であり、霊性的根底からする日本人の哲学の探究である。

かって吉満義彦は「日本人に哲学的精神可能性が恵まれているか否かは、一つにかかって日本人の真の宗教可能性が豊かに育まれているか否かにある」という卓説を吐いたことがあった。これはすばらしい洞察である。まことに日本の精神史をふりかえってみる時、その精神と文化を真に深めてきた人々は、人間究極のテーマである自らの霊魂救済に全身全霊を傾けてきた人々に外ならなかった。

私の探究の方途はまさしくその方向にある。

それでは世界史的立場に立つ日本精神のあるべき姿はどのようなものでなければならないか。この点に関しては、すでに日本の代表的哲学者であった西田幾多郎の、次のような非凡な洞察力に満ちたことばがある。

「……従来の日本精神には島国的に膚浅なる平常底に偏して、徒らに自負して居るに過ぎない。今日世界史的立場に立つ日本精神としては、何処までも深刻にドストイエフスキー的なるものを含んで来なければならない。そこから新たなる世界文化の出立点ともなるのである。」と。

ドストイエフスキーがここで引用されるのは、彼が人間をその消失点から見た点にあり、人間や歴史の運命を、最根源的、霊性的次元から把握したことに主な理由があるであろう。私の歴史的ニヒリズムを透過せざるを得なかった思想体験は、この西田のことばと深く共鳴し合い、結び合う。

私は明治以後、伝統的な日本的霊性・文化の理念を正しくふまえ、これを論理化し、よってもって日本精神の哲学的理念を世界史の舞台に登場させ、その意義を問おうとするミッションズ・イデーをもっていたのは、鈴木大拙、西田幾多郎、田辺元などの有力な思想家たちであったと考える。したがってこれら先輩の築いたすぐれた精神的遺産を媒介として、さらにその将来的意義を考察し、その究極までの展開をそれぞれの立場で企図しなければならない。そして私は日本的霊性文化の理念の核心をなすものを、終戦後幾遍歴の末に到達した私の新たな精神的・創造的要素であるキリスト教の、特にカトリシズムとの連関で把握したいと願ったのである。したがって本稿の標題は厳密にいえば「西田哲学とキリスト教」とする方がより実質的である。しかし敢えてそうしなかった理由は、西田哲学を現代における唯一の日本的霊性の論理的表現点と見、その根底をなす霊性面の伝統と創造の課題としてカトリシズムを把握しようと試みた故である。そのような課題はより適切には「西田哲学を媒介とする現代日本の新しい精神可能性の探究」と把握されるべきである。

このように考える時、キリスト教の土着化の問題が最も深い宗教哲学的観点から提起され、世界精神史の最も重要な回転軸となってきたキリスト教が、日本的霊性・文化の理念の根底に、新たな創造原理として据えられ、パン種のごとく躍動することになるであろう。

その場合、日本的霊性的大地へのキリスト教の受肉は、逆説的にキリスト教の日本的霊性化と同時相即的である。そしてキリスト教的啓示真理の核心を三位一体の論理として把握し、人間自覚の最根源的論理を「場所」と捉え、その究極の調和点を「三位一体のおいてある場所」と捉えるこの論述は、一見すれば極めて抽象的形式的把握と映るかも知れない。しかし私はこれこそ新たな日本精神史の始発点であり、脈動点であり、日本の哲学の創造的基盤であるということの不抜の確信をゆるがすことは出来ない。

思えば、敗戦から今日まで、ひたむきに考え続けてきた一つの課題は驚くほどの錯誤とまわり道を重ねながら、内村鑑三の「二つのＪ」の課題に近いものとなった。

日本的霊性的大地に落ちた福音の種子が、信仰的、哲学的な自覚的深まりとともに、その根をますます伝統の深層に張りめぐらし、その枝葉を天上の光に向かって思いきり伸びあがる姿勢をとるのは、私としては一つの運命的成り行きである。

現代最深の哲学者であるハイデッガーが、「野の道」において象徴的に美しく叙述した次のことばは、われわれの曲折に満ちた探究の真意を、極めて単純なことばの中に集約している。

「成長するということは、空遥かに枝を開くと共に、また同時に大地の闇の中に根を下すことを意味する」と。

これこそ現代に要求されている最も深い教育原理である。われわれは新たな精神の天と地をその極限まで展開するであろう。最近問題になりはじめた教育における伝統と創造という課題も、日本的霊性の理念として根底から位置づけられるべきであると私は思う。

この大きすぎる課題を、制限された紙数で十分展開することは出来ないし、紆余曲折を極めていて、論旨も整序しにくい。しかしこのねらいが、やがて来るべき日本精神史の核心を形成するものであるという信念は一貫して変わらないつもりである。

第一章　伝統と創造の課題における「日本的霊性の理念」

「伝統と創造の課題における日本的霊性の理念」と題するこの論稿は、極めて未熟なものでありながら、私という一個の霊性的実存の内から出るものを主体とした根源的発想であり、現代日本の精神状況における普遍的な宗教哲学の確立を目指す探究序論である。

このテーマに「伝統と創造の課題」と冠した理由は、近代日本精神史の課題をわれわれの内面史として考察する場合、深い歴史哲学的考察が不可避であることを示すものであり、一方「日本的霊性の理念」とは、いうまでもなく近代日本の生み出した代表的な宗教哲学者である鈴木大拙の、極めて独創的な、最も将来性に富む思想の精髄を表現するものであって、将来生まれ出ずべき日本型思想の唯一の土台となるべきものと確信して疑わない。

事実それと同一の精神的基盤の上に立って明治以後、西洋哲学の受容と対決を経て、悪戦苦闘の末に「日本型思想の原像」を彫塑し、いわば日本的霊性の論理の独自性を世界性に媒介せしめ、真に日本的にして世界的な哲学思想を確立しえたのは西田幾多郎であった。

私はその流れを汲む田辺元の哲学をも含めて、これら近代日本精神史の背骨をなし、新たな精神的未来の地盤となるべき大地性の哲学の上に、日本人の新しい精神可能性の探究を試みようとするものである。

私は自らの思想の根を、この三人のすぐれた宗教哲学思想を媒介として、日本的霊性的大地に置く。これはむしろ私の体質的な魂の要求である。

しかし一方では、この思想の大地性とは逆の方向に、私の啓示受容的魂の深層において、これとはかなり異質の、キリスト教的な、本質的遺産を伝えるカトリシズムの真理を指向している。カトリシズムは私の本性的、霊性的自覚の深まりと、幾遍歴の果てに到達した終局的帰着点であり、敗戦後の混乱と、歴史的ニヒリズムの体験を媒介として、私と民族再生の創造的基盤として、終末的決断によって受容された種子的真理である。ただここでキリスト教といっても、私の意味するところのものは、第二バチカン公会議以後の、体質の根底から更新され、福音化された生命の躍動するキリスト教を意味するものであって、東洋人からみて、幾多の疑惑の種を提供してきた、あの「西欧的カトリシズム」の形骸を意味するものではない。

それ故、私の魂の深層は常に天と地の二重の契機、超越と内在の弁証法的出会いと葛藤の緊張関係の中にある。この二重の契機を歴史的にみれば、即ちわれわれの精神の根底に生きる伝統的、日本的霊性文化の源流をなす論理への遡元的探究と、新たな未知の創造的要素であるキリスト教との深い出会いと、対決の持続的関係である。従って私の志向するものは、この矛盾し合う関係を持続的に凝視し、その究極的綜合点がどこにあるかを探究し、それを表現することにあるのである。

日本的霊性の思想

私が「日本的霊性」の理念の探究に深い関心を寄せる理由は、先に述べたように戦前から戦後にかけての切実な思想体験によるものである。私は終戦後、多くの教師、知識人、あるいは指導的立場の公人たちが、当時中学生であったわれわれを精神的泥沼に突入させたまま、何らの宗教的苦悶もなく、実に容易に民主主義の先達として転向していった姿をみて、終生忘れ得ぬ傷痕を受けた。日本の知識人のもつ信念体系の底の浅さと、偽善的合理性を、底の底まで透察することが出来た。

一体誰が、いかなる必然性によってこの巨大な疑似宗教国家を創作し、神を模造するという途方もない冒険を敢えてしたのであろうか。

そして、いかなる主体がこれを国民に強制し、そして安易にもこれを投げ捨てたのであろうか。この自己保身と偽善にまみれたる恐るべき精神的退廃はどこから始まったものであろうか。このような政治的にカモフラージュされたカフカ的「変身」が可能なら、すべてが許されるのではないか。

戦後このような日本人の擬似宗教性、あるいは宗教的痴呆現象に対して、最もするどい明快なメスを入れたのは「明治百年における日本の自己誤認」と題する梅原猛の論文である。私は、はじめて人間のまともな発言を聞くように鮮烈な感銘を受けたのである。

私はこの間にあって、ともかくも独り他の何人も捨ててかえりみなかった国体観念の母胎をなす神道思想の、綿密な宗教的検討と反省の上に、皇国史観を超えた真に世界性のある「霊性的日本の建設」を呼びかけた鈴木大拙の思想的良心に、他の知識人にはみられない真実を読みとったのである。多くの知識人はまさしく「大地のさすらい人」に過ぎないが、大拙は大地に根ざしている。このことは私にとって決定的に大切なことである。

鈴木大拙は戦争末期にすでに「日本的霊性」を完成しており、戦争直後に「霊性的日本の建設」と「日本の霊性化」を引き続いて出版している。この歴史的危機点において結晶した大拙の「日本的霊性」の思想は、務台理作によれば、「きわめて含蓄の深い特色ある思想」であって、「この思想こそ、私たち日本思想に関係するものが大切に育て上げていくべきものであろう」といい、日本的霊性の特色をなす「この大地性の思想の中に大拙の哲学が動いている」と指摘される。

私は後期の著作を一貫して、常にこの霊性的次元から最も根源的・包括的に日本精神史の課題を追究してきた宗教哲学者としての大拙の思想に、他の精神史家にはみられない深い洞察のきらめきを見る。従来の思想史の扱いでは、神道とか、仏教とか儒教とか、その他あまりに外形にとらわれすぎていて、日本精神史の底を流れる歴史の心、あるいは日本的霊性的自覚を端的に把握する柔軟心を欠いているのである。

この点大拙の思想の最大の魅力は、日本精神史の諸々の表現形態の奥底にある日本人の主体性の種苗を決して忘れず、神道を地盤とする日本底の機軸を中心として、次第に儒教や仏教を織り込みながら、絶えず発展的、自己否定的、自覚的に、本質具有底を顕現していく過程とみる歴史観にある。そこにはとらわれのない物自体の把握に迫る霊性現象学的方法の端緒がある。多くの日本人が忘却してしまっている日本精神史の確かな根を、彼ははっきりと把持している。

このような日本的霊性的自覚を考えるには、まず日本民族に生まれた神道を地盤とするより外なく、そこに流れる霊性が、今後の日本及び世界の精神文化にどんな役割を務めうるかを調べるべきであろうかというのが「日本的霊性的自覚と神道」という論文の要旨であった。しかしこれはあくまで序論にすぎず、奈良、平安と幾多の曲折を経て、霊性の日本的なるもの、すなわち日本と日本人の中に覚醒されてきた霊性を、最も純粋に示しているものは、鎌倉時代の浄土系思想と禅であるといわれる。日本的霊性が情的方面に顕現したものが浄土系思想、知的方面に顕現したのが禅であるという。仏教の根本義がこの智慧面と慈悲面、大智と大悲の両面を一つにして支持していくことにあるとは、優れた仏教思想家である大拙の核心をなす考えであるが、大智であり、かねて大悲であり、知性はその方便として現象するその統一の原理が霊性である。このようなものとして霊性が捉えられる時、かかる英知が現代最も忘却され、しかも心から求められている深奥な遺産であることが、切実に体験されてくるであろう。

鈴木大拙の宗教哲学の、異常な魅力の根源は「日本的霊性」という独自な把握を基底として、禅と浄土系思想を結びつけた点にあると思われる。彼は仏教は日本において、はじめて大地性を獲得したとしてこれを日本的霊性と呼んだのであるが、この大地性をのべるために特に浄土系真宗の親鸞にあらわれた霊性の特質を扱っているのが注目をひく。

日本仏教の特質は源底たる大地に根ざした霊性にあり、仏教の大悲もこの大地性から生まれるというのである。日本的な真の宗教意識の覚醒がここにみられ、あわせて大拙の宗教哲学の核心もここにあると思われる。

大地性の理念

鈴木大拙の根本主義を要約すれば「宗教は天からくるとも云えるが、其実質性は大地にある。霊性は大地を根として生きている」ということに尽きると思われる。萌え出る芽は天を指すが、根は深く大地にくいこんでいる。生命はみな天をさしているが、根はどうしても大地に下さねばならぬ。大地に係わりのない生命は本当の意味で生きていない。天は畏まるべきだが大地は親しむべく愛すべきである。大地に親しむとは大地の苦しみをなめることであろう。そしてわれわれがそこから生まれ、そこに生き、そこに死にゆく最も具体的、直接的な生活の場が大地といわれるのである。

ここで大拙が強調している大地性という表現は、例えばロシア的宗教性の理念の体現者であったドストイエフスキーの「大地」と同一のものとはいえないが、唐木順三の指摘するように、深い共通点のあることも確かである。「都会的、貴族的なものに対する田園的、農民的なもの、理性的分析的なものに対する心情的、総合的なもの、そして、後者を一層高次な根源的なものと見る」点で同一である。

日本精神史上、大地の生命を代表して遺憾なきものは鎌倉時代の親鸞上人であり、親鸞において日本的霊性が大地性として覚醒したのは、彼が北国に流され、関東に漂泊して農民と生活をともにした特異の体験によるものとする。親鸞の宗旨の具体的根拠はこの大地にあり、東国の土の意識と無辺な大悲の仏法とが彼の手によって見事に直結されたのだという。

この大地性の思想の重要性に常に着目している務台理作は、仏法が東国の土の意識と結びついた理由として次の四点をあげている。

「(1)仏法が大地の現実性と無限性とに結びつくことが、その当時の民衆にとって身近な感じと、はかりしれない不可思議なものを実感させた。蒼空は無限にひろがり果てしないが、捉えようとしても形のないもの、その点で非現実的である。しかし大地は一切のものにまさった現実的存在であり、且つ広大無辺でつきるところを知らない。そういう意識は他力仏教とつながり易いわけであろう。(2)に大地は日常生活の一切を支えてくれる。そこから一切の生物が生まれ、成長する。とくに稲麦にとって大地は大きな母胎である。そういうことが仏の慈悲とのつながりになる。(3)に、大地は一切の不浄をのみつくし、あと方もなく浄化してくれる。土はたしかに穢土である。つねに泥と埃にまみれ、一切がそこに棄てられ踏みつけられている。しかしそれをすべてのみつくし、それをあと方もなく浄化しているのも土である。土はみずからけがれながら一切のけがれを浄化している。こういう土の性格は悪人正機を本旨とする浄土教とよく結びつくであろう。(4)には、大地は人に休息、平和、安堵を与える。大地は安心の土台である」——こうした農民が即時的に身につけていた大地性を親鸞は自覚的に体現した。以上にあげた大地の素朴な性格には、実はその根底に深い形而上的思想を含蓄している。この大地性との接触によって、仏教はより深く日本の土壌に根を下したのである。この解釈にはいろいろの異論もあることであろうが、根本方向においてこの把握に狂いはない。

大拙はたまたま浄土系思想を媒介にして、日本的霊性を論じたのであるが、何故に禅学の大家が浄土系思想を援用するかという根本理由は、「華厳思想と禅的大悲」という論文においてみられるように、ともすると禅は大慈大悲という心持を忘れ、羅漢の独善性・逃避性に傾く傾向があり、日本的霊性的生涯の究竟は、大智と同時に大悲の方向に徹すべきことが力説され、悲智円満の体現に人格の理想があることを示すためのものであろう。

西田幾多郎は、晩年華厳哲学にあらたな興味を覚え、しばしば大拙と論じ合ったといわれるが、この禅的大悲とよばれる思想にこそ、鈴木と西田の宗教哲学の核心があると私はみる。

大拙によれば、このような日本仏教こそすべての東洋性を含み、皆共に具有しているもので、日本的霊性主体が中軸となってそれを生かしているのだという。かつてイエズス会士であり、インド思想の権威者であったヨーゼフ・ダールマン師は、「日本の青年は、アジアというものを一つにする根源的なものを捉え、古い由来を新しい時代に生かすようにしなければならない」といわれた。もしこのような東洋的なものをひっくくって、一つにしてそれを動かす思想が現在どこにあるかというならば、確かにそれは日本仏教以外にないというべきであろう。仏教復興の兆しはすでにはじまっている。

しかし大拙はこのことを深く自覚しながらも、現代仏教そのままの形態では役立たないから、その中に流れている日本的霊性的なものを見つけて、それを近代的な思想の方法で再把握し、世界思想に貢献できるものとするのみでなく、政治・経済・社会・文化の各方面に具現していくべきだとするのである。

宗教的現実

私は以上のような日本的霊性と大地性、あるいはこれを一つにした大地的霊性の思想は、キリスト教の日本を含めた東洋への受肉を考える場合にも、実に重要な意味をもつものであると考える。

トインビーなどがすでに慧眼にも予感しているように、来たるべき時代の、新たな東西文化創造の基盤となるものは、高度宗教である仏教とキリスト教の出会いが、決定的意義を担った事件として登場してくることが十分予想されている現在、日本的霊性の自覚の深まりが、キリスト教の土着化を媒介とすることによって、さらに決定的となるであろうことを私は信じて疑わない。

この観点から批判的に考察してみると、鈴木大拙の霊性史観においては、日本的霊性的自覚が鎌倉仏教において絶頂を形成することになるが、それはあくまでも大地的霊性の自覚という「根をもつこと」の条件そのものを意味するものであって、生命の指向する「天」についての考察ではない。

宗教における天の要素はすべてこれを神道に代表せしめ、「神道は天、仏教は大地」と規定し、神道には真の無限がなく、世界性に欠けるところがあり、誠の宗教性からいって致命的欠陥は大悲の思想のないことだと指摘し、祈りの真意義もわからないとして、「霊性的日本の建設」では大地性を欠いた天の一面しか取り上げない神道の批判的超克が企図されている。

しかし、私自身の霊性的実存の核にすでに胚胎したキリスト教的福音の精神から透視すれば、この神道的「天の一面性」は、さらに天啓宗教であるキリスト教の事実真理にまで徹底して思考されるべきものである。

私は、私の魂の資性として、仏教形而上学の深い真理性に多大の共感を覚えるにもかかわらず、敢てカトリシズムに接近した動機は、幼少の頃からの憧憬であった神道的・超越的天の信仰真理を、極限までつきつめたいとする志向が絶えず伏在していたことによるのである。したがって、私の心性は、鈴木大拙のような日本的霊性把握なしには決して説明しえないものである。

「神をはらめる新しき大地」——いうならば、これこそわれわれの宗教的現実である。

かくしてわれわれに新たな創造的原理として臨むキリスト教の新しき天と、伝統的英知を集約する日本的霊性的大地は、われわれの体験の中で新たな出会いを経験しつつあるのである。われわれはこのような意味で「伝統と創造の課題における日本的霊性の理念」を問うているのである。

しかしこの場合の解決は単なる外的折中を意味するものでは決してない。およそ真正なる宗教真理とは、いずれの宗教にも平等に含蓄されているようなものでなくして、自己の中にすべてを含蓄する種子的・萌芽的真理である。

私はこの意味で、新しき天と地をカトリシズムの内面に自覚すべき構想をもつのである。

「新しき天」「新しき地」の探究

しかし、日本におけるキリスト者にとって、何故にこの日本的霊性的大地性の哲学が重要な意味をもつのであろうか。この点については近代日本の生んだ卓越したキリスト者であった内村鑑三の、名著『代表的日本人』の独逸版跋の中に、その雄弁な証言がある。

「余が母の胎に宿らざりし先に、種々なる感化が余を形成したのである。選びの業は我が国民のうちに二千余年来はたらき、遂に余もまた主イエス・キリストの仕人として選ばるるに至った。余は基督教外国宣教師より、何が宗教なりやを学ばなかった。すでに日蓮、法然、蓮如、其他敬虔なる尊敬すべき人々が、余の先輩と余とに宗教の本質を知らしめたのである。幾多の藤樹が我等の教師たり、幾多の鷹山が我等の藩侯たり、幾多の尊徳が我等の農業指導者たり、幾多の西郷が我等の政治家たり、過去の余は斯くの如くにして作られ、遂に召されてナザレの神の人の足下に平伏するに至ったのである」と。

このように内村は、彼にとって伝統的体質的遺産であった日本精神の最良のエトスたる武士道と、新しい創造的要素であるキリスト教の関係を、接木と砧木《だいぎ》の関係として述べた後、さらに次のことを強調している。

「然りと雖も、ひとり基督教のみが石よりアブラハムの子を起こし得るものと信ずることも又、誤謬である（マタイ三・九）それは誤謬である。然り迷信である。併し遺憾ながら基督教伝道地の熱心な働き人が、余りに多く斯かる考えをいだいている。遺伝は自然の法則であり、それゆえに神の法則である。したがって超自然的法則にとっても全く揚棄され能わざるものである。……天のみにては、いかに純粋であっても実を結ぶことはできない。キリストの言葉と雖も、磽确《こうかく》の地に落つれば、忽ち枯れる。それは善き地に落ちねばならぬ。斯くしてこそ或は百倍、或は六十倍、或は三十倍の実を結ぶのである。神の恩恵は天からも地からも来らねばならぬ。然らずんば善き実はできないのである。人間の地上的部分を軽蔑して天的福音のみが万人に満ち足るものであると思惟する信仰は、単純にして、健全なる人間悟性の拒否するところである。」

「神の恩恵は天からも地からも来らねばならぬ」というのがこの論旨であるが、この書の成立が一九〇七年であることを思えば、すでに現代の中心問題を当時において先取している透察力に驚嘆せざるをえない。内村の信条は、日本精神史において果たすべきキリスト教の革新的意義と、その実りをうるための大地性の意義の強調である。

彼にとって大地性と称するものは、端的にいって、自らの背骨を形成してきた武士道を指すものであった。内村の武士道的志操の高邁さと純粋さは、ピューリタニズムと深く共鳴し合って自らの信仰の土台を形成しえたのである。内村の墓碑銘に刻まれた二つの J は今日でも依然として引き継がれたわれわれの課題である。

しかし昭和年代に生まれ、戦後に成長したわれわれにとって、封建道徳の精華であった武士道そのものにかかわることはほとんどない。むしろわれわれの場合には、上述のように日本的霊性文化の理念とキリスト教的霊性の出会いと対決の問題から、西欧におけるヘレニズムとヘブライズムの出会い以上の霊性的・哲学的な溢れるような創造が開始され、新しい東西の次元をつき抜けた地盤が準備されるに至ることは確かである。そのためにはわれわれはまず自己自身を問うことから始めなければならない。

私はこの摂理的課題を確証するために、日本と同じく、東西思想の媒介点をなすロシアの思想家たち、とくにドストイエフスキーの大作『カラマゾフの兄弟』の中の驚嘆すべき世界の未来に対する象徴的場面を想起する。それはロシアの未来を象徴するといわれるアリョーシアが、恩師ゾシマ長老の死後、星夜僧院の庭に出て、地上の神秘と天上の星の神秘が相触れるとき、感極まって聖なる大地に身を伏す光景としてえがかれている。

ドストイエフスキーの大地性の真理に対する究極のヴィジョンを、最も深く解釈しえた人は、おそらくメレジュコフスキーである。私は多少長すぎるのをいとわず引用してみたいと思う。

彼は可弱い青年として地上に倒れたが、生涯堅固な戦士となっておき上った。こうして「偉大な母、ぬくもる大地」とふれて、彼は新しい力を得、この力を持って彼は長老の命令のように修道院から「世間」に出ていく。もはや「か弱い」頃のように地から天へだけでなしに、天から地へも行くように。」これはロシアおよび世界の文化におけるキリスト教の最も深い啓示だ。キリスト教徒は天を、天のみを愛し、地をしりぞけ、地を憎むことを意味すると、今日まで我々は考えた。

しかしみよ、このキリスト教は地の拒否でも地への裏ぎりでもなく、新しい不動の「地への忠実」新しい地への愛、新しい地への接吻だ。天と地とを共に愛しうるばかりか、キリスト教によれば、それは共でなくば愛し得ず、個々別々には愛しがたいものだ。我々が天なり地なりを究極まで、天と地との究極まで愛していないかぎり、トルストイやニイチェのように、我々にも一方の愛が他方の愛を拒否するように思われる。地を究極まで、地の究極の限界まで、天まで愛さなければならない。天を究極まで、天の究極まで、地まで愛さなければならない。このとき初めて我々は語る。それが二つの愛ではなくて一つの愛であり、天は地にくだり……地は天に身を献げ、天に開かれる。これがドストイエフスキーの「地の秘密は星の秘密にふれる」ことだ。この接触、合致に歴史上のキリスト教でなければ、キリスト教そのものの本質が宿っている。生命の樹は春の若々しい新芽を清浄の碧い空にのばすのみか、その根を母なる温い大地の暗い、永遠の生産と永遠の快楽との「胎内」におろすのである。

地は天でないかぎりまだ古い異教的な地だ。天は地ではないかぎり古いキリスト教的な只表面だけのキリスト教的な天だ。しかし「新しい地と新しい天」が現われよう。それは天なる地、地なる天であろう。「汝のみ国をきたらせ給え。汝のみ心の天になる如く、地にもならせ給え」だ。汝のみ心をして地と天とを一つにし、地と天を二つではなく我と汝の一なる如く一つにならしめ給えだ。これがキリスト教の塩の塩だ。これが水の洗礼でなくて「火」

の洗礼だ。水のみで洗礼された我々には、これが不可解だったが、今はこれが不可解ならば我々はキリスト教の何物をも理解しなかったことが解り始めてきた。

これを現代ヨーロッパ人のうち最初に理解した、否、最初に悟って強くい表わしたのはドストイエフスキーだ。

これは日本の新しい精神的始まりに強い関心を抱くものの、決して無視しえない驚くべき英知をはらんだ言葉であり、一字一句も省略を許されないほど重要な意義を帯びている。

ヨーロッパとアジアの境界にあって、新しい世界の戸口で予感されたドストイエフスキーの霊性的直覚は、東西を包括する創造的基盤がどこにあるかを狂いなく射あてている。

西田幾多郎のいわゆる「今日世界史的立場に立つ日本精神としては、何処までも深刻にドストイエフスキー的なものを含んで来なければならない。そこから新たなる世界文化の出立点ともなるのである。」という言葉はこの真実を裏打ちしている。

新しい天と地に関する教説は、まさしく具体的には「伝統と創造の課題における日本的霊性の理念」を問うときに、ドストイエフスキーや西田が予想したよりもはるかに豊饒な形で、火の洗礼を受けた、塩の塩としての宗教の真理が開示せられよう。

新しい人間のよりどころは、まさしく土と結びつくところからしか生まれない。これはある意味で既成仏教や古いキリスト教が、現代の挑戦による最もラジカルな批判的浄化を経過して、新しい天、新しい地として具体化されることを終末的に期待することを意味する。

私はこの使命を宗教哲学の手法で遂行し、どこにその調和点があるかを、近代日本の代表的な思想家の陰に陽に志向した最深のイデア的憧憬の軌跡を追求しつつ、その解決点が、更新されたカトリシズムの内部体系につながるものであることを論証し、「日本的霊性の理念」が人類の終局的テーマである「世界教会の理念」

に何を寄与するかを考察し、個と民族と世界を貫くこの透視的ヴィジョンからひるがえって、現実の教育の場における宗教・道徳教育のあるべき姿について論及しようとするのが本論の趣旨である。枚数に制限があるため、以下は、その要旨を略述するのみにとどめたい。

第二章　日本的霊性の自覚の論理としての西田哲学

私は第一章において、日本的霊性・文化の主体性がどこにあり、その伝統と創造の最深の課題は何であり、何がその足場となる理念であるかを論じた。しかしこれだけでは近代思想とのかかわりが十分でない。この日本的霊性に通じているものを哲学の形で表現し、意欲的に西欧思想との対決を通じて、一個の普遍的な哲学まで形成していったのが西田幾多郎である。

私はこの意味で最初に日本的霊性の自覚の論理というふうに西田哲学の意義を把握するものである。このように把握する時、はじめてその背後から透徹した理解をもつことが可能となり、西田哲学の原理的発展を画することも可能となるのである。

「日本型思想の原像」を書いた山田宗睦氏は西田哲学の系譜を追究して、従来の中江兆民—西田説、井上哲次郎—西田説を否定し、新たに北村透谷—西田説を主張しているが、私の考えではこのいずれも全面を尽すものではない。やはり日本的霊性の自覚の論理ととらえるとき、思想自体がはじめて堂々たる大地性をうる。西田の最後の論文である「場所的論理と宗教的世界観」では、特に日本的霊性思想の影響が歴然としている。

西田哲学を真に理解するためには、哲学だけを見ないで、その底をついて、そこから哲学面に沿っていく必要があるとは大拙自身のことばであるが、確かにそうでなければ「具体的なものから抽象的なものへ」「哲学以前のところから哲学を考える」霊性優位の哲学である西田哲学の高邁な理念は貫徹されない。

この意味で私は西田哲学の成果が、日本的霊性の論理的・自覚的表現点として、明治以後の多種多様な哲学的・ロゴス的志向の綜合であり、総決算を企図したものであることを承認したい。最近岩波から出版された西田幾多郎全集十九巻がようやく完結し、日本近代哲学史の最も高い峰を形成するモニュメンタルな著作が、巨大な重量感をもってわれわれの前にそびえ立つことになった。この難解極まる異常な魅力を持つ独創的な哲学が、将来どのようなものとして次の世代に継承されていくものか、私には多大の興味をひかれることである。

鈴木大拙は亡くなられる幾年か前に、西田の学統を継承する幾人かの人たちに、西田哲学の学問的意義の重要さを説かれ、その真髄を現代に生かすようにはげまされたとのことであるが、精神の強固な基盤が失われてしまった今日、これが新たに開拓さるべき一つの重要な方向であることは疑いえない。

大拙も強調するように、西田哲学は子細に検討すればするほど、近代日本の哲学・宗教の生命英知がことごとくこの泉に流入して再現され、極度に主体的に生かされると共に、最深、最大の論理的表現をえていることが理解せられてくる。したがって、今後西洋哲学を何らかの意味で日本人のものとして発展させようと試みるものにとって、日本の思想・文化・宗教を含めて、何らかの意味でこの哲学に対して位置を定めることなしにこの国に根を下すことはむずかしいと私は考える。

何故なら、西田は他のもっぱら紹介や祖述を事とする啓蒙思想家と異って、日本文化、あるいは東洋文化の根底をなす日本的霊性的大地を明確にふまえ、その地下水から哲学的生命を汲み上げているからである。下村寅太郎氏もいう如く、この地盤に立ち得たからこそ、従来のごとくに単に西欧哲学における整合性を追究することでもなく、西洋と異なる東洋の特殊性を追究することでもなく、東洋の体験を世界性に媒介せしめ、真に哲学を主体化することに成功したのである。その意味で彼の思想はわれわれにとっても、無限に豊かな示唆を含み、将来への大なる発展可能性を秘めている。

しかし現在では、西田哲学はほとんど批判の対象とされることもないほど疎外されてしまっている。「西田哲学は果たして現在生きているのか、また将来生きるのであろうか」とは最近しばしば発せられる問である。そして西田哲学への批評が非常な不毛さをかこっていることは確かである。批評はないではない。しかし多くは的はずれであり、全く部分的、一面的に分裂した世界観の裁き方で批判しているに過ぎず、全体系の根底を洞察出来なかった。

この意味では戦後二十年西田哲学にはみるべき発展は何もなかったといってよいのではないであろうか。

滝沢克己氏は、「故博士の弟子たちのうち、田辺元博士を始め、世にいう「京都学派」の多くの人々は、もともとの善意と優れた才能にもかかわらず、不幸にして西田哲学本来のリアルな基盤を喪失した。というよりもむしろ、最初からそれを見出すまでの忍耐を欠きながら、安易にも「西田哲学を超えた」と信じて、かえってたんに講壇的、空想的俗流弁証法に転落した。しかしながら高山岩男、高坂正顕、西谷啓治等いわば西田哲学右派に属する諸氏に対して、左派ともいうべき三木清、戸坂潤、梯明秀、柳田謙十郎その他の諸氏において、師の哲学の精粋は果たしてその本来の方向にそうて受けつがれ、打ち克たれ新たにされているであろうか」という。この喪失されたリアルな基盤とは何か、それこそまさしく、真正の日本的霊性的把握の透徹性を指すものではないであろうか。

西田は哲学論文集第三の中で、「善の研究以来、私の目的は何処までも直接な最も根本的な立場から物を見、物を考えようというにあった。すべてがそこからそこへという立場を把握することにあった。」と述べているが、まさしくすべてが「そこからそこへだ」という哲学的根源性と、何処までも直接的な最も根本的な立場から物を見るという徹底した学問性、論理性が西田哲学の両極を形成する根本基調であった。西田哲学には日本的霊性・文化の根底をなす深い宗教的叡智とともに、ギリシャ以来の正統として保たれてきたロゴスの厳密さがあった。西田はギリシャ以来西欧に発達した厳密な方法論理の上に立ちながら、論理を超えた論理をもって存在の深い次元に迫ろうとしたのであり、これが西田を大成させるに至った根本動機であると私はみたい。

佐藤信衛氏も早くから指摘していた通り、われわれは西田哲学を生み出した根本動機に遡って、それを徹底していく以外にはない。そしてこの動機を新しい苗床に移し植えること、これが西田哲学発展の唯一の方向でなければならない。この動機を正しくわがものとなしえたならば、西田哲学の難解な用語を用いずとも正しくその系統に属する業跡といえよう。

その意味で、西田哲学は単に「克服さるべき対象」ではないであろう。その独創性の中にはらまれる可能性と将来性をその極限まで徹底させることによって、新しい精神の可能性に到達することが唯一の課題である。このためには西田哲学を捉える新しい視角が必要とされてくるのは当然である。新しい視角とは私の場合、キリスト教の、とくにカトリシズムのそれを意味するのである。今までカトリシズムの立場から西田哲学の重要性を着眼した呼びかけを聞くことは稀であった。しかし「伝統と創造の課題における日本的霊性の理念」を探究し、最深の根底から自己と時代精神の行方を探究しようとするわれわれにとって、西田哲学と無縁であることは不可能であろう。

私は以上の基本線をふまえた上で、日本的霊性の論理的表現点である西田哲学を媒介とした現代日本の新しい精神（霊性）可能性の探究を試みようとするのである。

日本精神史を構築してきた伝統的な神道、仏教、儒教、あるいは明治以後のさまざまな近代思潮の交錯する中で、萌芽的であるとはいえ、カトリシズムの内包する深奥な信仰真理の遺産は、日本人がいまだに体験することのなかった驚くべき豊富な内容を胎蔵しているように思われる。それは日本的霊性文化の伝統的・重層的体系の永遠的なものを悉く包擁し、真の多様性の統一において新たな地盤に新生復活せしめ、民族の母として未来の世紀に向って、霊性の優位に基づく健康な文明秩序を創造する重要な契機となりうるものであることを確信する。

しかし、一方そのためにはカトリシズムもまた西欧的カトリシズムの形骸を脱して、東洋的霊性の広濶な大地に自由に根を張り、枝葉を無限に伸ばしうるような回生を必要とするであろう。この意味では日本的霊性との出会いは歴史的カトリシズムの生命更新にとっても不可欠である。

以上の観点から、私は次に西田哲学の最も重要な思想的遺産である「場所的論理」が、いかなる意味で日本的霊性の自覚の論理であるかをさらに立ち入って述べ、それが世界思想史の中でいかなる意義をもちうるのかを概観し、それとキリスト教の切り結ぶ重要な問題点を指摘したいと思う。

第三章　東西文化の論理的対質

――場所的論理の重要性――

西田の永年にわたる全著作を精細に考察し、跡づけてみるとき、その巨大にして多彩な思想的遺産の中で、一体何が将来の思想に大きな寄与をなしうるかを考える時、私は「場所の思想」こそそれに価する最たるものだと答えたいと思う。場所の思想をふまえない西田哲学の批評は批評にならないし、場所的論理の継承のない哲学を西田哲学の系譜において捉えることは難しいことであろう。

西田哲学が「善の研究」における純粋経験説から出発し、真にその名に価する独創的建設の土台となったのは「働くものから見るものへ」において確立された「場所」の思想であったし、以後「弁証法的一般者」として具体化され、さらに「行為的直観」の立場として直接化されながら、最後の著作である「場所的論理と宗教的世界観」までを貫く根本思想であった。

場所的論理には「絶対矛盾的自己同一」のような弁証法に固有な原理が伏在していて、それが次第に前面に出てくるが、やはり場所的特質を多分に有し、以後の全思想の展開はすべて場の論理の具体化とみてよいであろう。

この場所的論理は極めて難解な思想として定評がある。しかし、西田自身、自らの思想を人物評に托して具体的に表現し、「西郷隆盛という男は、自分のいう絶対無の場所みたいな人物だ」と適切にシンボライズしていわれたように、私たちは直接に西田幾多郎を一個の「根源現象」と考えることによって、ある程度西田哲学の核心的事態に迫りうるであろうか。

かつての西田の高弟であり、「期待される人間像試案」をまとめた高坂正顕氏は、自らの理想的人間像の具体的イメージを問われて、「私の場合はカントと西田幾多郎」と答えている。「カントはウソをいわない。西田先生は生命の泉だ」というのがその理由である。これはすべてが「そこからそこへだ」という全体系の脈動点となっている大地的生命の泉の場そのものであることを指すのであろう。

一方また天野貞祐氏などは、それとは異なった角度から「西田幾多郎先生の魅力」にふれて、彼の人格の特徴を「愛の場所」と規定され、非常に感銘深い一文を草されたことがあった。氏によれば、「先生に親近なすべての人は先生にそれぞれの仕方において認められ、愛せられ、いわば先生という愛の場所においてそれぞれの所をえていた」といわれる。

「先生は鋭い知恵の人であったから、人々の欠点を厳しく洞察しておられたにも拘らず、つねに各人の長所を認め、そこを発展させるように指導せられた。だから先生の前では自分は何者かである。努力すれば何か出来るという自信をもった。実に先生は卓越した教育者であられた」ことを指摘し、しかも先生の愛は、つねに私情を殺すことによって成り立つ愛であり、「愛の場所」は常に「無の場所」であったといわれる。

絶対無の場所とよばれる西田哲学の難解な根本思想を、西田の人格像を通じて表現すれば、凡そこのような事態をさすものといえようか。西田の膝下から無数の人材が輩出したのも、このことと無縁ではないであろう。

このように各々をしてその所をえしむる日本的伝統的直観を、西田は実に見事に備えていた。その意味で、日本近代の思想家の中で、西田ほど根源に徹底し、自由に開かれた精神を私は知らない。西田は生涯日本を出たこともなく、生活も純粋に日本人的であったのに、内面生活では実に驚くべき多彩な包容性のある世界的なものを包んでいた。セザンヌや、宮沢賢治やドストイエフスキーと同様に心の中にコスモスを包括していたのである。そして、単にそれのみでなく、矛盾的多様性を根源の光に照らして直下に洞察する透徹した凝視力・対決力・判断力を備えていた。

大智がかねて大悲の情意を伴う日本的霊性の根源的事態を西田は実によくわきまえている。現代このような精神の発動が最も待たれているのではないであろうか。

私は常に西田哲学のもつ第一の意義は何であろうかと考えた時に、先ずもって日本的霊性の自覚の論理を最も強く打ち出した哲学であったことと、それと第二にはデカルト、カント、ヘーゲルから、ニイチェ、ハイデッガーに至る西欧近代の思想の行きつく果てを思索の発端とし、西欧思想を底に超えることによって、これに東洋的無の真理性を媒介させ、人間自覚の最根源的な場の論理を彫塑し、世界の哲学界に地歩を築いたというこの二点にあると思惟する。

西田は「働くものから見るものへ」の序の末尾において、彼の思想の新局面が目指すところのものを次のように要約している。

「形相を有となし形成を善となす泰西文化の絢爛たる発展には、尚ぶべきもの、学ぶべきものの許多なるは云うまでもないが、幾千年来我等の祖先を孚み来った東洋文化の根底には、形なきものの形を見、声なきものの声を聞くと云った様なものが潜んで居るのではなかろうか。我々の心は此の如きものを求めて已まない。私はかかる要求に哲学的根拠を与えて見たいと思うのである。」

このような志向を根底にもつ西田哲学が、その究極において、東西文化の論理的対質という最も普遍的な、核心的なテーマの遂行に至ることは必然である。

西田哲学の根本基調は、今までしばしば述べてきたように確かに大乗仏教的なものにある。しかし西田哲学は単に禅を近代論理で西洋論理風に表現しようとしたものではない。西田はあくまで、ものの真実に迫る哲学的態度をもって、日本的禅思想、とくに日本的な浄土真宗思想の中に、生活型として具体的に現われた事実そのものの深い論理構造を、西欧哲学的思考法で表現しようとするのである。

仏教の指し示す真実が、西田哲学の根底をなす事実であるとともに、ある意味で西欧哲学史の総決算を迫るような根源的・包括的真理の在所を示してもいるのである。

西田はこの場所的論理を手がかりに、遂に東洋的無の論理的把握に成功した。西田哲学の原点ともいうべき絶対無の場所とは、すべての「有」と称せられるものが、それに「おいてある場所」であり、よく一切の存在をその中につつみ入れ、各々をしてその処を得さしめる一種の媒介の思想である。場所の思想の最も注目すべき点は、この一切を包むという綜合的な性格にあるが、包むという性格はこの場合ふろしきのように包むのでなく、根源から包むのである。

西田はその後、存在の矛盾的、弁証法的対立契機を一層強めて、「絶対矛盾的自己同一の論理」として定式化し、ヨーロッパの先行するあらゆる思想、あらゆる哲学を絶対無の矛盾的自己限定面に位置づけうるような綜合契機を自らのものとした。務台理作氏もいわれるように、西田哲学はこの意味で、何よりも一切の同一原理をその中に包摂するような「つつみ、つつまれる」関係の論理学として、最根源的な自覚の論理を形成しえたのであった。この包括するという思想の根源性において、私は西田にまさるものを知らない。この点ではヘーゲルをはるかに超えている。

西田哲学が禅思想と禅体験を中心とする日本的霊性的なものに核心を置くことは周知のことであるが、哲学としては常にヘーゲルがその範型としてあったのではないかと常に私は考える。論理を「一般者の自己限定」という方式であらわしたのはヘーゲルであった。ところが一般者の自己限定の論理では、一般者が個体に対して優位を占め、個体を深く捉えることは出来ない。この一般者はヘーゲルでは精神とせられたが、精神の代りに物質を置くマルクスでも事情は同じである。西田はこの一般者を「場所」に転じ、しかも究極の根拠を絶対無とすることによって、個と一般を場において相即させようとした。これは一見してさりげない変化でありながら、個体概念の論理的規定としては画期的意味合いをもつものである。

西田哲学を世界思想史的連関で理解しようとすれば、それはヘーゲルやマルクスを含めて、対象論理的思考様式の超克を企図するところから場所的論理が生まれてきたといえるであろう。西田は西欧近代の主観・客観を基本範疇とする対象論理、あるいは主語的論理に対置して、自らの立場を述語的論理主義と規定する。しかしこれが十分成功したかどうかについて、ここで十分論議する余裕はない。

ただ私は、宮川透氏が適切にも捉えておられるように、西田哲学はこの「場所的論理」をふまえることによって、はじめて「主観・客観の思惟方式を基本範疇とする近代ヨーロッパの延長上に、形相、資料を基本範疇とするギリシア的存在論を把握する」ような雄大な展望をもちえたのであり、「カント的「客観・主観」の認識論理、及びアリストテレス的「主語・述語」の存在論理を、自己の抽象面として包み込むような同一律を形成」することに、かなりの程度成功しているということを確認することにとどめたい。

西田はこの場所的論理に手がかりをえて後それをもって、重要なあらゆる西洋思想との対決を敢て試みた。古代哲学としてはプラトンとアリストテレス、中世においてはアウグスチヌスと諸教父たち、近代哲学としてはデカルトからライプニッツ、カント、フィヒテ、シェリング、ヘーゲル、キェルケゴールやマルクス、

K・バルトの弁証法神学に至るまで、自らのよって立つ大乗仏教的世界観的基調と絶えず対決させ、あるいは逆に自らの立場を批判しつつ、一個の普遍的な哲学を形成すべく苦闘した。

この苦闘が一つの既成の安定した文明圏で行われたのでなく、西欧の優勢な軍事的、技術的、思想的チャレンジに対する応答という異質の文明圏との渦巻きの中で行われたという意味で、全くアウグスチヌス的事業であったということが出来る。西田は彼自らが常に説いていたように創造的世界における創造的要素として、「歴史的世界に沈潜して歴史的課題を把握するのが哲学者の任である」と考え、知識や道徳の根底に宗教を置き、この究極の霊性的次元から東西文化の融合を企図していったこの気迫は、他の何人にもまさって再評価されねばならない。

日本の多くの思想家、教育者は、近代化遂行のために、一切の日本的霊性的なものを忘却し、根なし草となって独立性を喪失してしまった。しかし西田は、この点について、つぎのように述べている。「宗教的意識と云うのは、我々の生命の根本的事実として、学問、道徳の基でなければならない。宗教心というのは、特殊の人の専有ではなくして、すべての人の心に潜むものでなければならない。此に気づかざるものは哲学者ともなり得ない」――(「場所的論理と宗教的世界観」)。

この点は、ベルヂャエフも指摘するように現代最も切実に要求されているものはアウグスチヌス的事業であると私は思う。そして存在をこのような根源からみる西田哲学こそ、「伝統と創造の課題における日本的霊性の理念」として捉えるに最もふさわしい対象であると私は考えている。

第四章　場所的論理とキリスト教的世界観

——西田哲学超克の一方向——

私は今まで日本的霊性の自覚の論理としての西田哲学という捉え方を執拗なまでに固執し、その独自な業績の意義の挙用につとめてきた。そしてさらに場所的論理を土台として、絶対無の自覚的体系として定式化された西田哲学を一つの論理的表現点とする日本的霊性的理念が、世界思想史的連関の中でどのような意義を荷うものであるかを論じた。私はこの意味で西田哲学が日本の哲学のすぐれた創造的基点であることを承認したい。したがって私の実存的自覚の根底をここに根づかせながら、この論理的土壌の上にさらにキリスト教的な啓示真理を受容することによって、コペルニクス的転回を画する必要を痛感するのである。

私は西田哲学の成果を長いこと熟考しながら、そこに一つの重要な盲点を見出さざるを得なかった。それは西田哲学によって東西文化が大きく綜合されたというよりは、この思想があくまでも東洋文化の精華である独自の論理の挙用にあり、必ずしも西欧思想の根底を流れる重要な契機を悉く尽すものではなかったのではないかという反省である。

西田哲学は確かにギリシャ以来の西洋文化の特質であるイデアリスムの主知主

義や合理主義を超克し、東洋的神秘主義をもその中に包括するすぐれた成果を内包するものであるが、西洋思想のもう一つの潮流であるヘブライズムの絶対者把握の実在契機と、真に内面から対面することはなかったと考えるものである。

この点を鋭く指摘しているのは山内得立氏である。

「先生は決して東西両洋の哲学を融合してその上に新しい哲学を建てられたのではなく、精粋な東洋人として、東洋哲学の代表者であり、西洋の哲学は、ただ先生にとって、自己の立場を鍛錬し、精巧なものとする用具にすぎなかった。したがって常に体系的観点から採用し利用することが多かった。しかし西洋文化の根底には、アリストテレスの形式論理とカントの先験論理とヘーゲルの弁証法論理の外に、トーマスによって中世の論理となり、現代にはフッセルの現象学まで発展した意味的論理があり、この論理は中世哲学や、カトリックの思想を成立せしめる基礎をなしており、単に対象論理だといって、無意味のように軽侮することのできない大きな文化的意味をもっている」という。こうして西田哲学が無視した基本的伝統の省察を試みた上で、はじめて東西文化の総合も可能なのだと論じている。これは西田哲学の核心に伏在する重大な盲点をついている。確かに西田には自己の哲学体系の原型として出来上がったものに親近性をもつ言葉や思想を、歴史的状況から切り離して無媒介に強引に引き寄せて解釈するところがある。

西田はある箇所で、キリスト教の立場からは決して「絶対無」に至りえないものとして、むしろそれを包括する構えを見せている。絶対矛盾的自己同一は一種の包括者の論理である。果たして西田哲学においてキリスト教がどう捉えられるかを考察しながら、「啓示の宗教」と「自覚の宗教」の真に出会うべき地点がどこにあるかを探究していこうと思う。この探究の手がかりとしては最後の論文「場所的論理と宗教的世界観」が最も適切であろう。

かつて務台理作氏は、西田哲学の一番正しい方法は宗教に関する部分に西田哲学の根本基調をおいて、そこから逆に認識、論理、個の存在の問題を考えることにあると指摘されているが、私もこの意見に賛成である。この意味で、霊性（即非の論理）と大地性（場所）の問題は、西田にとっても「多年念頭にかかり居る宗教哲学の問題として」「場所的論理と宗教的世界観」において一途にほり下げられている。

西田によれば「宗教は哲学的には唯、場所的論理によってのみ把握されるのである」という。果たしてそうであろうか。われわれは次に西田の宗教観の特色を手短かに要約しつつ、仏教論理の奥底から晩年に近づくにつれて、「絶対矛盾的自己同一」の場を次第に信仰の座に結合し、神（仏）・人の逆対応的な場の論理を新しく構築していくその方向にキリスト教を徹底させてみたいと心から企図するのである。この方向以外にキリスト教と日本的霊性を結ぶ道は絶対にない。

私は西田の思索的生涯の基点になった『善の研究』の前後から、およそ三十年後の「場所的論理と宗教的世界観」までつぶさに検討して、われわれにはっきりと認められる顕著なる事実は、「宗教は心霊上の事実である」とする根本的前提である。したがって「哲学者が自己の体系から宗教を捏造すべきではない」のであり、ただひたすらその事実を説明するところに宗教哲学の使命があるのである。この事実が事実として現成するロゴスと、説明の論理が逆対応する形で「絶対者の自己表現の形式」とされるものが場所的論理である。

宗教と哲学はこの根源を一つにしながらも、事実と反省の両方向に分岐するものであって、本来この前提は最初から最後まで変わっていない。例えば明治三十四年三月に「無尽燈」に発表した「現今の宗教について」の中で、「多くの宗教家達、あるいは基督教教師は、各人の内心より宗教心を啓発することをなさず、何人に対しても千篇一律学問を教うる如くに基督教教理を説く」と批難し、宗教は知識によらず、「心霊上の事実」に重きを置かなければならないことを強調している。

西田はその時代を画する独創者の思索にふさわしく、ベーコンやデカルトのように、あらゆる人工的仮定をすて、あらゆる吟味にたえうる疑いようのない直接の事実を探究し、これを「純粋経験の事実」として意識現象を規定した。真実性はこの純粋経験において主観もなく客観もなく、全一的であり、この実在を統一する作用の方からみれば、主観となり精神となり、時間、能動、普遍的側面となり、統一される対象の側から見れば、客観・自然・空間・個物・受動となる。

この主観的方向からみれば、この世界は要求の世界であり、要求は智・情・意の三に分かれ、論理的・審美的・倫理的となり、宗教はすべてのものを一にした分裂以前の全実在の状態とされる。

哲学は種々の形があるにかかわらず、知識において根本的実在の統一を求める理性の要求に基づいているが、これに反し宗教心は精神全体の要求であり、人格の要求であるという。このように宗教は自己が各個の分化せる願望より、これをすてて自己の本に還り、天地に対する関係を定めようとするもので、哲学のように知識上に求めるのではない。人格全体の上に、実在の根底にある無限的一を実現することであるという。したがって知識欲・道徳欲に分化しない以前に存在する精神の根本的欲望が宗教心であり、古代において、人間の知識・欲望が未分の時みなことごとく宗教的であるのはこの理由によるのである。そして主客合一のみどりごと、各人天才の境地はみな天地と共に動き居る実在過程であるという。

このように宗教は精神の本性に基づいて起こるのであるから、美術・学問・道徳と同じように、いかなる人も精神の根底において宗教的ならぬものはない。したがって宗教を要せぬ人はこの意味で生くる必要はないというのと同義なのである。

したがって宗教の本質はどこまでも主客統一を求め、有限にして無限たらんとする人心の要求から起こるので、宗教とはあくまで自己の全体が、絶対無限の神との合一の域に至る精神上の事実であると定義される。この意味で宗教は精神全体の上に起こる霊性の事実であり、生命の本源であり、かねて天地成立の根本事実である。

これが初期西田哲学の宗教観の要旨とみてよいであろう。

以上のような日本的霊性的自覚に基づく宗教観は、生涯をかけて彫琢された場所的論理によって、宗教の核心をなす神（仏）・人間関係が比類のない深さで具体的に究明されてくる。

私はこの西田哲学の究極的定式化であるその場所的論理からみて、キリスト教は一体どのように捉えられているか、この点に照明をあててみたいと思う。

先にも述べたように、西田哲学の論理的構造の中核をなすものは「絶対矛盾的自己同一」であり、これは単なる分別的思惟の法則という如きものではなくして、霊性の論理として「絶対者の自己表現の形式」であるという。そして「絶対者（神や仏）の世界は何処までも矛盾的自己同一的に、多と一との逆限定的に、すべてのものが逆対応的関係にある」（場所的論理と宗教的世界観、「哲学論文集第七」）とされる。したがって、「神と我々の自己とは絶対矛盾的自己同一の関係にある」という把握が彼の根本思想であるとみてよいであろう。

西田によれば神は形なき形、絶対の無である。この絶対無の絶対矛盾的自己同一的場所が、自己の中に自己を映すその絶対者と自己との関係において「相反する両方向にキリスト教的なものと、仏教的なものと二種の宗教が成立する」のであって、抽象的に単にその一方のみに立つものは真の宗教ではないという。

この神と人間との矛盾的自己同一の形によって、種々なる宗教が成立するのであり、何れの宗教も、限定せられた形として、それぞれに出入なきを得ないのである。

周知のように場所的論理の特徴は無の限定による無限に深い包みこみの論理であった。西田哲学体系はどんな哲学、宗教でも消化吸収して同一化してしまう摂取成長の哲学体系である。しかもこの包みこみは、ヘーゲルのような独断的・哲学的構成に落ち入ることなく、キリスト教の言葉も仏教の言葉も自由に使って宗教的現実それ自体の共通関係が縦横に示され考察されている。したがって、キリスト教の信仰のありのままの事実が、キリスト教徒にも十分納得される仕方で深く捉えられている点は注目に価する。絶対無の哲学がヘーゲルを超え、歴史的現実に即して具体的である特質はここにもあらわれている。

西田哲学の特質は現実即絶対として、現実の一切の対立、一切の矛盾を止揚し包括する絶対矛盾的自己同一的関係の哲学であり、その関係を事実として出発する哲学であるという点にある。この関係自体から関係するものの両項を見るのが場所的論理の特色である。

したがって、西田が、「神（仏）と我々の自己とは絶対矛盾的自己同一の関係にある」というとき、この論理は神（仏）と人間との関係が一応逆対応的に同一構造で妥当することは確かである。しかしこれでは逆対応という論理的な形式に如何なる質（内実）が存在するかという核心的事態に到達することは出来ないであろう。

神・人の矛盾的自己同一的関係といっても、キリスト教の場合にはあくまでも神を根本として、神と人間の関係を考えていくのに対して、西田の場合には「全心即仏・全仏即人」といわれるように、神（仏）と人間との関係が根本となる点が特色である。キリスト教的神人関係は「仏あって衆生あり、衆生あって仏あり」というように、即でむすぶことを得ない不可逆的関係である。「絶対者の自己表現の形式」は同一であっても、内実において決定的違いがある。

西田は「宗教は心霊上の事実である」という宗教心の根拠を求めて、宗教に大凡三つの個性的方向の区別があることを認める。その一つは、信仰の根拠を自己の外である絶対的超越的他者の啓示におくキリスト教であり、他はこれに対して、全く逆に絶対者を自己自身の存在の底に見る仏教、特に臨済禅の立場であり、第三は西田のいわゆるトポロギー神学的に、超越即内在として、主体の底に主体を超え、客体の底に客体を超えて、他者であるとともに自己の根底でもあるような、両者の矛盾的自己同一的に自己自身を限定するところの超越的絶対者に対する信仰の立場である。

その自己の生命が永遠の生命としてわき出る源泉の場の宗教である。西田はこのような現実即絶対の日本的霊性の理念を、絶対矛盾的自己同一というふうに定式化するのである。

西田は晩年になるに従い、禅思想から次第に浄土宗教的世界観に接近し、真の他力宗は場所的論理的にのみ把握することが出来るという確信をしばしば述べている。そして昭和二十年一月六日の務台理作宛の手紙では「生命」の論文と数学基礎論を書き終えて後に「浄土真宗の世界観」を書いてみたいと意欲を燃やしている。続いて三月十一日の大拙宛の手紙では、「私は今宗教のことを書いています。大体従来の対象論理の見方では宗教というものは考えられず、私の矛盾的自己同一の論理即ち即非の論理でなければならないと云うことを明にしたいと思うのです。私は即非の般若的立場から人というもの即ち人格を出したいとおもうのです。

そしてそれを現実の歴史的世界と結合したいと思うのです……君の「日本的霊性」は実に教えられます」という記事がある。

そしてこれと対応するかのように、「場所的論理と宗教的世界観」においては、従来の大乗仏教といえども真に現実的に至らず、日本仏教においてはじめて「現実即絶対」として絶対の否定即肯定があるが、それが積極的に把握されていなかったとし手きびしく批判している。

このことからも明らかなように、西田哲学の極致は鈴木大拙と等しく、日本的霊性的大地性の論理を究極とし、キリスト教は山内得立氏が指摘し、彼自らも述べているように「自分で同感するもの、或いは自己の思想を表現するのに適切な場合に限り、その思想の言葉を借りて」自らの立場を補強するのに役立っているに過ぎないのである。

われわれは西田哲学の場所的論理を深い真理性をもつ聖霊の論理として高い評価を惜しむものではない。しかし、場所的論理とキリスト教的世界観については さらに一層つっこんだ考察が必要とされよう。西田がキリスト教の神の特徴としてしばしば批難の対象としてあげている「超越的君主的神」という把握も、どちらかといえばカルヴァンやバルトの神概念に外ならず、三位一体論的・神人論的宗教としてのまことのキリスト教との対論ではない。

私は日本的霊性の大地性の論理に、キリスト教的天啓の天の論理を受肉させることによって、そこに西田哲学超克の一方向を見出していきたいと思う。

安易な結論を避けるために、私は歴史的イデア的展開を追って、ついに西田哲学の枠にはまり切らず、新たな展開を画していった田辺元を媒介にして、さらにこの問題を追求してみたいと思う。

第五章　現代の課題としての「キリスト教の辯證」

西田哲学の母胎に自然に胚胎し、自らそれを破って巨大な成長を遂げたアンチテーゼは田辺元である。田辺は西田哲学への全身的傾倒から出発し、次第に鋭い批判的展開をとげ、西田と並んで最も有力な京都学派の支柱となるに至った。

田辺哲学の出発点は西田哲学にあり、その根底は体系の背骨をなす「絶対無」に通じて生涯変わることがなかったにもかかわらず、西田の絶対無の場所の観想的自己同一性を拒絶し、自らは日本的霊性的大地の定着性を失って、七花八裂の実存分裂を経験しつつ、新しき天と新しい地を求めて苦闘した。

この深刻な宗教哲学的な転換の契機となったものは、敗戦直前に岩波から出版された、『懺悔道としての哲学』であった。

元来田辺哲学の宗教的背景は、西田哲学の影響の下にあるものとして、大乗仏教の特に禅を中心とする思想にあったと考えられるが、この立場はやがて、「今次戦争末期における思想者としての私の、行詰りの苦悩と無力の絶望とを告白すると共に、一たび現実との対決に行詰った思想が、自己の無力を懺悔して自らを放棄することにより」絶対他力の救済への弁証法的媒介転換を遂行するに至った。

さらに京都大学退官後、北軽井沢の山荘に退いてからは、ますます宗教哲学的思索を深められ、「プラトニズムの自己超克と福音信仰」という重要な論文を含む『実存と愛と実践』や、『キリスト教の辯證』などの大著を相ついで精力的に発表され、当時の混迷した日本の論壇に、清新な波紋を投ぜられたことは未だに記憶に新しい。

しかしながら、宗教における親鸞の他力信仰に啓示を受けたかに思われる『懺悔道の哲学』が、数年を出ずして一転して『キリスト教の辯證』に発展していくこの「絶対転換」ぶりと、さらには「キリスト教とマルクシズムと日本仏教」の統一的視点の確立によって、第二次宗教改革を提唱するに至った「絶対媒介の弁証法」の多彩さに、人は真意の奈辺にあるかをいぶかしく思ったことであろう。果たせるかな、この提唱はマルキストやキリスト教徒や仏教徒を含めて、全面的な論議と攻撃の対象となった。そしてこの成果は遂に何らの実を結ぶこともなく、「絶対否定」に隔てられたまま忘却されようとしている。

田辺哲学のこの悲劇的破綻は、果たして人のいうような絶対無の神秘主義の終結を意味するものであろうか。あるいは自らを旧約の予言者エレミアになぞらえて述べているように、「私は亡びても、この地歩は新しき思索者に、一応の踏板たる役目をつとめ」しめ、「新福音主義」と呼ばれる絶対宗教を、日本的霊性的大地に確立されるための捨石になられたのであろうか。――私自身は後者であることを確信して疑わない。

ところで、彼は一体何故に長い深刻な思想遍歴を通じて、敢て「キリスト教の辯證」を担当して登場してきたのであろうか。

田辺の自伝的告白によれば、彼のキリスト教に対する関係は、明治三十四年一高入学当初からあって、爾来四十年「キリスト教との対決は私の課題であった」という。大学時代にケーベルや波多野精一の影響をうけたが、常に牽引と反発の間を動揺しつつ卒業し、哲学徒としては理性主義の立場に立ち、宗教方面では西田哲学を媒介にして禅の影響をうけ、他方パスカル、ニューマン、アウグスチヌス、ルター、キェルケゴール、バルトに触れながらもその核心に到達せず、終戦一年前の『懺悔道の哲学』において、はじめてキリストの福音の真理に眼を開かれるに至ったという。

こうみてくると、田辺宗教哲学は、西田哲学を契機として自らが到達した絶対媒介の論理的要求に従い、禅・念仏・福音と遍歴しつつ、ヘーゲルのいわゆる絶対信仰の所在を探究し、現代の精神状況において、真にあるべき宗教の姿を哲学的・綜合的批評を通して模索したとみるのが最も正しいであろう。

田辺はその各々に深い共感と同情を披歴しながらも、何れの一つにも満足出来ない苦悩を告白している。そしてマルクシズムと日本仏教を媒介にして、キリスト教自身の自己革新を、現代の最深最大の歴史的課題であると思惟するところから再出発するのである。

先に見たように、西田はキリスト教を場所的論理の中に包摂しようとする傾きをもっていたのに対し、田辺は逆にキリスト教自体の中に絶対媒介の真理を見ようとする。しかし全体として見れば依然として、日本的霊性の自覚の論理の枠内で思考されているように思う。

田辺もまた西田と同様に、鈴木大拙の日本的霊性的契機を、絶対弁証法的に高く評価し、この方向の必然性をたどってキリスト教の内部的核心に、革新的な歴史的自覚をもたらそうとするのである。

田辺の提言の内容を要約すれば、キリスト教は歴史的粉飾を取り去り、信仰自覚を真に深めていくなら、超越的君主的神の宗教から、「絶対無即絶対愛」の「無即神論」たらねばならず、大乗仏教の徹底するところも、究極的には「無即神論」であって、決して無神論ではない。この両者の媒介統一においてこそ、宗教は最具体的自覚の段階に到達出来るとするのである。

田辺はこの範例を日本精神史における仏教の具体化から示唆されているようにみえる。そして例えば、鈴木大拙が自らの立脚地である禅をも超えて、念仏を大乗仏教発展の頂点と認められた日本的霊性的把握の自在さと卓抜さに敬服し、この仏教の宗教性を成立させる「禅と念仏」の対立契機を、両者の具体的綜合である「念仏禅」として実現せられるならば、最も具体的な仏教と称すべきものだとしている。そしてこの実現は歴史性に相応する宗教形態としてのキリスト教においても可能であると述べている。この意味での「キリスト教の辯證」こそ、一般に歴史的具体化を媒介する絶対性実現の典型であるとされるのである。

禅さらにこの徹底としての浄土真宗との、具体的普遍的な念仏禅を媒介として、キリスト教を弁証することこそ伝統と創造の課題における日本的霊性の理念、つまり日本の哲学の創造的根源であるというのである。

この意味で、念仏禅の歴史的媒介と、歴史的変革の科学的論理であるマルクシズムの媒介によって、「キリスト教の辯證」を主題とするに至ったのであるという。

しかしこの雄弁深刻にして、大胆深奥な歴史哲学的、あるいは宗教哲学的提言を、全面的に自らのものとなしうる器量の人は稀であろう。しかし田辺博士の提言は、単なる各宗派の教理的な解体、統合に関する論議なのではなく、すぐれた哲学的自覚の究極的定式化である絶対弁証法の立場からの必然的帰結であり、その意味ではまことに実存的な宗教哲学的提言であるといえる。

日本的霊性の理念に立脚し、キリスト教を新たな創造契機とした田辺のこの発想は、たとえそれが哲学的地平において述べられたものであるとはいえ、深い示唆を与えずにはおかない。西田のように、相矛盾したものをその包括的場において思考する態度は、ともすればあれでもあり、これでもある立場に立つという矛盾をまぬかれない。しかし田辺の場合にはこの解釈学的態度をすてて、独断的・信条的に承認されてきたものの絶対批判を通じて批判解体をほどこし、それを通じて現実との対決に導びかれ、あれでもなく、これでもない立場を展開し、いかなる固定された立場からの非難攻撃にも臆せず、創造的アポリアと対決し、実存の真理を探究していこうとする学問的気迫に満ちている。この点では西田より一歩前進している。

しかしその成果から見るならば、西田が厳にいましめたような「哲学者が自己の体系の上から宗教を捏造すべきではない」という戒律に反し、終始自らの体系である絶対媒介の弁証法の論理的範疇の枠から抜け出すことを得ず、日本的霊性的自覚と福音的受肉真理との間の放浪者にとどまった感がある。

北森嘉蔵氏はこのような田辺の絶対媒介の論理を「矛盾の間での思想」と適切に評したことがある。つまり彼の思索は、西洋と東洋の「間」で、科学と哲学の「間」で、カントとヘーゲルの「間」で、ヘーゲルとマルクスの「間」で、類と個の「間」で、国家への批判と協力の「間」で、哲学と非哲学との「間」で、自力と他力の「間」で、さらに加えて仏教とキリスト教の「間」で考えられた思想といえるであろう。

西田の哲学もある意味で関係の論理であったが、田辺哲学はそれをさらに徹底させて、場所から絶対媒介的関係の論理へと転換せしめている。しかし田辺はこの「関係」を絶対無の媒介として純化徹底させるために、西田の場所を否定してしまった。そして一切の実体的な内容を否定して、かえって関係自体を実体化した観がある。西田哲学の「場所」はある意味で実在的他者の契機をもつものであったが、田辺の絶対否定の行為的弁証法においては、仰ぐべき実在的他者が一体何であるかを遂に告白することがない。

ベルヂャエフが「新しき中世」でいっているように、「人間がその仰ぎ見る対象を欠くとき、人間は本体を失うのである。」この悲劇性が田辺哲学の荷う十字架であった。

しかし、むしろそのためにこそ将来のあるべき宗教の関係づけを行い、遂に設計図のみに終わり、内容的展開に至ることが出来なかった。田辺はこれをよく自覚しており、これらはすべて宗教的天才の出現をまって具現さるべきことなのであり、自らは哲学的地平の待降節的地点に立って、むしろ荒野によばわる予言者の声たらんとしたのであろう。

私は田辺哲学の志向を一歩すすめて、この歴史的課題に答えるために、将来の日本精神史の回転軸となるべき三つの主流契機を「イデアリスム」、「絶対無」、「神」として定式化し、日本の代表的思想家が苦闘した中心課題が、どのように絶対媒介され統合さるべきかを、田辺と並んでもう一つの日本近代の最も優れた宗教哲学の高い峰である波多野宗教哲学を媒介に思索してみたい。

第六章　イデアリスム・絶対無・神をめぐって

——新しい日本精神史の回転軸となるもの——

私は第五章の「現代の課題としての「キリスト教の辯證」」において、あくまでも日本的霊性・文化の理念に立脚しつつ、その伝統と創造の宗教哲学的課題として、キリスト教が不可欠の契機となるべきことの、最も有力な思想家の弁証について考察した。

しかし私はこれによってキリスト教を有利に解釈しようなどという何らかの成心をもつものではない。歴史的イデアの内的要請として、日本的霊性それ自体の自覚的展開が、必然的にキリスト教の、とくにカトリシズムの霊性理念と深く呼応し合う内的事実を、自らに体験する故である。

私は日本における宗教哲学の課題は、その立場の如何を問わず、西欧精神の基本的伝統であるギリシャ以来の「イデアリスム」と、東洋の形而上的原理として、将来重大な意義を荷って登場してくるであろう「絶対無」の思想と、「キリスト教的神」という世界精神史の回転軸を形成する三要素が、中心課題となって展開すると確信して疑わない。この関連をどう解釈し、どこに自らの精神の拠点を置くかによって、宗教哲学の型と質が決定されてくるであろう。日本の代表的思想家はいずれもこの三契機をふまえつつ新たな思索的次元を切り開いていった人たちである。

中でも波多野宗教哲学は、今まで述べてきた鈴木、西田、田辺などの思想に対して、何ら共通の地盤に立つことなく、全く異質の精神的傾向をもち、西欧的な学問のもつ典型的な明哲な体系を構成している。

日本的霊性的理念とのつながりは全くないが、しかしとらわれぬ眼をもってその体系の内部に透入するときは、西田や田辺にはみられない深いキリスト教的人格主義と、遡元的実証主義、さらにイデアリスムと「無と神」についての深淵、明徹な思索が展開されていることに驚嘆するのである。

私はかって、波多野宗教哲学の導きによって、絶対無の哲学によってはいかにしても満たされ得なかった啓示真理の、あざやかな祝福を感得するとともに、エックハルトを媒介とする無の思想が、ギリシャ的イデアリスムとキリスト教的愛の人格的超越神との関連において、いかなる位置づけを持つべきものかについての、深い示唆を受けたことを感謝の念をもって想起せざるを得ない。

私は波多野宗教哲学の中に、西田や田辺を超える人格主義的精神遺産が、伝統と接続のない抽象的形式の中に、深く生動しつつ創造的精神の媒介を待っているように思われてならない。

波多野は代表的名著である『宗教哲学』において、宗教の立場と本質を論じ、宗教の立場を「高次の実在主義」と規定する。マイステル・エックハルトもいうように、宗教においては「人は考えられた神で満足すべきではない。人は実在する神をもたねばならない。」

そしてこの宗教の対象をなす絶対的実在そのものの体験は、この実在的他者が自らを与え示す啓示によって明らかとなる。啓示は受くべきもの授かるべきものであって、人が地に引きおろしうるものではない。

このように波多野は、実在的他者の超越的契機を明確に前提した上で、実在する神を、「力の神」、「真の神」、「愛の神」と段階的に叙述し、「真」の神のところでイデアリスムと神秘主義を考察し、「愛」の神において神秘主義を包越する人格主義的宗教体験を土台とし、近代日本において類い稀な深みと輪郭をもつ包括的な宗教哲学が構築されている。

波多野宗教哲学の体験的基底は、明らかにプロテスタント的福音主義にあり、深い聖書の原典味読が前提になっている。

これに反し田辺元の宗教哲学は、「プラトニズムの自己超越と福音信仰」という標題に示されるように、波多野の思想と相接するものが見えるにかかわらず、内容は全く異質である。田辺自身「弁証法の絶対媒介に徹して神を絶対無と規定することは、有神論の人格神観と相容れるものではない。」といい、「神というも絶対というも斯かる無の絶対媒介以外には原理上存することはできぬ」(『懺悔道の哲学』)とする立場が一貫しており、生涯ついに救い主の他者性という他力的、超越的契機の体験的交わりをもつことは出来なかった。したがって、歴史的キリスト教に、東洋的無の原理を透入させて反省を迫るといった啓蒙的役割にとどまったといえる。

この点波多野は宗教哲学の役割を「宗教体験の反省的自己理解」というふうに規定し、宗教の立場から「イデアリスム」と「無」と「神」の関連を究明する。彼によれば、イデアリスムを宗教性の立場から考察すれば、神秘主義を目標とする向上の道であり、人格主義も神秘主義を本質契機として包含することによって、はじめて宗教性を維持しうるのであるとされる。

この中で私にとって特に興味深いのは、神秘主義的な絶対無の思想と、人格主義的神との内的連関が深く追究されている点である。何故なら今までわれわれが根本的テーマとして追究してきた「絶対無」に近いものを西洋思想に尋ねるとすれば、ある意味ではマイステル・エックハルトの神秘主義に求めることが出来るであろう。西田哲学とエックハルトの思想の類似性については、すでにシンチンガーの『実在の省察』（弘文堂）の中の「西田哲学とドイツ神秘主義」がある。

西田の無の哲学は純粋な哲学であり、エックハルトの神秘主義は宗教である。しかし西田哲学の根底は宗教にあり、エックハルトも自らの体験を哲学的に基礎づけようとしていて、共に「無」は中心概念である。

ドイツ神秘主義における「無」は、西田や田辺の「東洋的無」の理解とちがって、神性の非人格的な究極の根拠であるが、しかしこの究極の根拠から人格神、ならびに神の創造的世界が実現する。この人格的要素の力説はキリスト教固有の現象であるが、波多野宗教哲学もまたこれを核心となし、「絶対無」はむしろ「自我と絶対他者との直接的接触の契機」として、過渡的なものとして克服されている。神秘主義の終わるところが、人格主義の始まるところなのである。

波多野にとっては、絶対的他者としての神こそ絶対的実在なのであり、絶対他者との関係が無の体験にとどまる間は真の共同は成立しない。

「無の地に新に有の姿が織り出され、人間の自己実現を意味したものが、絶対他者の深みに滅び、その他者、その無の底より、それの啓示として、さらに新なる意味と生命を担うものとして、生れ出ることによって宗教的共同は成立するのである。」

「有は神秘主義における如く、無を目的としてその中に溶け込むのでなく、はじめより無を契機として含んでおり、いかなる有も無の媒介によって成立つ。しかも無は従属的契機に過ぎぬ、というのが人格主義的体験の基本的特徴である。有無を超越し、しかも有と無との根源である絶対他者は、宗教体験において初めて事実となる。」（『宗教哲学』）

それ故絶対者と自己の関係は、あくまでも実在的他者を出発点、原理、根源とすべきであって、関係共同でありながら、一方的である。

この「無」を象徴とし、無をつきぬけて語りかける神の外に絶対はない。無とは象徴である。そして実在的他者は「無に帰すべきものをそれとして開示しつつ、その無そのものを無化し、克服して、人格的有、象徴的有を創造する神的実在」である。

したがって人格主義の立場で神を語るということは、第一義的に一切の自己を、主体をも客体をも、一切の存在を神の言葉となし、象徴となすこと、この徹底的象徴化こそ人格主義の著しい特色である。

この意味で波多野宗教哲学の人格主義とは、一切の徹底化の象徴愛において、きわみなき人格的実在性を啓示する神的実在を前提するものであり、神の前に無となって永遠不滅の主体性をうる「神の恵みによって創造された人格」(『時と永遠』)の立場を示すものである。ここで神秘主義の真理内容として、主体の側から否定に否定を重ね、自己否定の極に絶対に合一する境位を示す無は真の無ではなく、超越的実在との出会いによる世界の連続性の壊滅の姿を象徴するものが真の無なのである。

この立場は絶対無の思想と対決してさらに豊かな発展をみるべき実り多い思想を内包している。

ここでは十分論ずることが出来なかったが、西谷啓治氏が『神と絶対無』で指摘しているように、エックハルトは仏教の禅に類似した一面をもつと共に、キリスト教に属する限り他力門の契機をも含むのであって、禅と浄土とに分裂した二契機は、エックハルトの中で互いに交叉転入しており、日本的霊性の理念と、キリスト教的霊性の理念との統一点が最も近接した形で示されていることは注目すべきである。然るに波多野宗教哲学の場合、このような、現実の場における日本的霊性理念との出会いの歴史哲学的問題は殆んど捨象されているところに問題がある。いわばその受けとる大地性が欠けているのである。

われわれはエックハルトを参考としつつも、単なるアカデミックな理解のみでなく、東洋的無の、われわれ自らの土着的ともいうべき直接の宗教体験の反省的自己理解の上に、新たな日本の哲学の基盤が探究されていかなければならないと思う。

第七章　総合点「三位一体のおいてある場所」としての絶対無の把握の重要性

――日本の神学の創造的基盤――

私の日本的霊性の理念の探究は、われわれのよって立つ新しい精神的・絶対的土台が何であるかの探究とつながる限り、宗教哲学の色彩が強くなるのは当然であり、宗教と哲学の両面から照明することによって、理念像に明確さを与えようと試みた。

そして、近代日本精神史の主軸を形成した幾人かの思想家の中に、伝統と創造の課題における日本的霊性の理念がどのように模索され、論理化されていったかが、一条の歴史的イデアの軌跡として明示されれば、今までの叙述の使命は果たされたのである。そしてその意味を真に理解し、しかも歴史の根源に立ち入って深く透察する者には、われわれの内面に胎動する深奥な霊性とキリスト教活動の新たな形式が、来たるべき新しい時代の構造の中に、深く織りこまれようとしている事実に想到するにちがいない。

その点からいって、日本的霊性の理念の、キリスト教を媒介とする新しい展開は、キリスト教本来の啓示的信仰真理と、仏教的大地性の自覚の論理とが一如的に相即媒介される事実真理の探究によってのみ可能である。

そして、より優れた完全なる宗教とは、いずれの宗教にも含蓄されている共通要素ではなく、自己の中にすべてを萌芽的に含蓄し、自らの中に時代の摂理を通じて自覚されてくるものでなければならないと私は考える。私はカトリシズムの理念をこのようなものとして自覚しているのである。

私は受洗以来、水と油のような内村鑑三のいわゆる「二つのJ」に悩まされながら、ついに霊性的思索において、その統合点を「三位一体のおいてある場所」として把握するに至った。

これは一見して何でもないような表現とみえるにちがいない。しかし内在的超越の大地性の理念と、超越的内在の究極の啓示真理の表現であるキリスト教的三位一体の真理を、共に脱底的に理解するとすれば、これ以外の表現はとりえないばかりでなく、日本的霊性の理念として、陰に陽に志向されてきた宗教的・哲学的熱望の集中的表現ではないかとすら考えうるのである。そしてこの背景には限りない深い根拠がある。

例えば、現在の日本の思想状況の中で、日本的霊性の理念の論理的表現点である西田哲学と、キリスト教思想のもつ隔絶した距離を思えば、西田哲学を媒介とした新たなキリスト教神学の創造の試みなどは空想とすらみえるであろう。

しかし一方思想の内的核心において理解される場合には、驚くほど近接し合ってその出会いを待っているといってよいであろう。日本におけるキリスト者には、これは同じ一つの鼓動の関係とすら言えるものである。

優れたカトリック系の宗教哲学者であった吉満義彦氏が、その著作の中でライト・モティフのように繰り返し強調していわれたように、キリスト教はその本質において超越的内在の立場であり、その最深の原理は、天の、聖書の、あるいは教会の、啓示真理の論理である三位一体論に帰着する。「三位一体論」と「神・人論」がキリスト教の中心的支柱であることに異論をさしはさむ者はいない。

これに反して、西田哲学は大乗仏教的無の自覚の、内在的超越の論理として、「絶対矛盾的自己同一」の、あるいは「絶対無の場所」の思想を提起する。この西田の論理は、晩年に至るほど増々その確信が深められ、徹底的に根拠づけられて、ついに自らの立場を「場所的論理的神学」と呼称するに至り、「絶対矛盾的自己同一」は著しくキリスト教的表現に傾斜して捉えられ、キリスト教的三位一体論との類比で解釈されるようにさえなった。私はここに問題を解く深い鍵があるとみたい。

例えば西田の「生命」という論文には、「永遠の生命の世界は、キリスト教的表現を以てすれば、その根底に於て、父・子・聖霊の絶対矛盾的自己同一的に、三位一体の世界である。是故に歴史的世界に於ては、すべて有るものは、永遠の生命の器官と云うことができる」という箇所がある。

また西田にキリスト教神学を取次ぐ役割を果たした逢坂元吉郎牧師あての手紙の中に、「媒介として私の所謂「無」というものは、無という語によって人がすぐ想像する如き非人情的のものにあらず、私の「無」の自覚というのはAgapeの意味を有するものにて、三位一体的のCoequalityの意味も出てくると思うのです」という言葉もある。

逢坂氏の談話の中に、「ぼくは西田から哲学をきき、彼に神学を教えた」と語っているところがあるが、確かに西田には逢坂の信仰・思想の反映もあり、相互影響によって共に独自な思想を展開したといえる。

逢坂師は、その深い思索と信仰によって、在来の新教的理解に疑問を抱き、大きな産みの苦しみを経て、古カトリックの教父神学の源泉に帰向していったが、普遍的な正統教会の像を追及して、最後には非ヨーロッパ的型を理想とし、「ドストイエフスキーこそ真のクリスチャンの型を教える」とか、「自分は日本のニューマンだ」と語られたこともあるという。そして彼は、アウグチヌスの「三位一体論」を読む時、手がふるえるほどの最深の共感を禁じえなかった。

カトリックとギリシャ正教会とプロテスタンティズムを根本から反省して、普遍教会の理念を追求しようとした逢坂神学の、気宇雄大な、最も源泉的で卓抜な着想も、西田と全く無縁なものではないと思われる。

そしてこのような正統且つ健全な普遍教会の理念の追求ですら、私の考えによれば「三位一体のおいてある場所」である「絶対無」についての霊性的思索なしに、その土台を確立することは不可能なのである。

そして確かに逢坂師が予感したように、このような深い宗教真理の遺産を狂いなく伝えているのはカトリシズムである。現代のカトリシズムは、公会議以後も依然として旧態依然たる必要以上の権威主義と、この世の塵に蔽われているとはいえ、その内奥において天を指向することを忘却しているわけではない。

私はその根源に胎動する深甚なる未来更新の復活力を、日本的霊性理念のあの大地性と結合することによって、まことの現実に働く力として具現しうるものと確信する。

カトリシズムの立場から西田の「絶対無の場所」をその内的契機として、自覚的に位置づけようとするなら、私はどうしても、「三位一体のおいてある場所」と把握する以外にはないと考えるものである。そしてこれは、単に私の霊性的直覚的事実真理として、無為自然に結晶した自らの表現であるばかりでなく、例えば、日本とともに東西思想の媒介点といわれるロシアの宗教思想をつぶさに分析することによって有力な弁証をうる歴史的摂理的真理でもある。

一般にロシアの宗教思想の特徴は、哲学・神学・神秘思想の一つになったもので、存在の生ける宗教的自覚の根源から哲学することであり、信仰に照らされた霊魂の創造的啓示として哲学することにあるといわれる。

いうならば、キリスト教神学にとって、最も未開発の分野である「聖霊神学」の特徴をもつといえる。

大乗仏教的無の思想を背景とした西田哲学の企図もまた、ロシア・キリスト教的思想前提と等しく、単に西欧哲学の意味での本来の哲学ではなく、学派的な西欧神学の意味での神学でもなく、自覚的に西欧に通用している哲学的・神学的・神秘的認識の思考の限界を打破しようとする、真に「形なきものの形を見、声なきものの声を聞く」第三段階の哲学たるべき雄大な志向を秘めたものであった。それが田辺元のいわゆる「哲学ならぬ哲学としての宗教哲学」の意味でもある。

この意味で日本的霊性の理念と、ロシア的宗教性の理念との共通性である「大地性」の思想を援用するなら、東洋的無の思想は吉満義彦氏も指摘するように、単に思弁的形態においてでなく、宗教的実存意識のミスティークの性格においてとるなら、いわゆる「自然的ミスティークと、超自然的ミスティークの生命連関として、「キリスト教的天啓真理と関連せしめうる」唯一の地点となるからである。

私はこの重要な思想的連関を一層明確ならしめるために、超自然的キリスト教の立場からする「場所」の思想と、日本的霊性の、内在的超越に即した自覚の論理としての「場所」の思想との、世界線における出会いと一致の問題をさらに論究してみたい。

かつて西田は、「今日世界史的立場に立つ日本精神としては、何処までも終末論的に、深刻に、ドストイエフスキー的なものを含んで来なければならない。」といった。

そして、この日本精神は、ドストイエフスキー的な神・人論的精神から見直されることによって、はじめて「新しい世界文化の出立点ともなるのである」という創造性をうるのであると私は思う。あるいは逆に、キリスト教的自覚の深層に西田のいわゆる「場所的論理」を見出すことによって、その精神が真に受肉化され、終末論的に平常底化されるのである。ここに聖霊的信仰自覚によってさらに深められたキリスト教の誠の姿があり、日本的霊性の理念の創造的新展開がある。

この意図を宗教哲学的に具体的に遂行するためには、私はどうしてもドストイエフスキーの代表作『カラマゾフの兄弟』の中の、来たるべきロシア的宗教性の理念を象徴するといわれたアリョーシャの原型といわれるウラジミエル・ソロヴィヨフの「神人論」を媒介する以外にはないと考えるものである。彼はドストイエフスキーが文学で表現したものを哲学によって表現するのである。

ドストイエフスキーのいわゆるロシア精神としての大地性の理念は、ソロヴィヨフの、「場所論」ともいうべき三位一体的「ソフィア論」として展開されている。ソロヴィヨフの根本思想である「神・人論」は、キリスト教真理の最も深い淵から汲まれた三位一体論と、キリスト論の教義が、プロチノスの形而上学と結合した驚くべき精緻、深遠な神学的人間学を形成している。これは単なる観念論ではない。ロシア的宗教思想特有の実在的象徴主義の意味におけるプラトニズムの一形式とみるべきであろう。したがってソロヴィヨフのソフィア論は、形而上的なプラトニズムの世界霊魂論を、神人性の秘義のキリスト教的意識に刻みこんだものである。

ソロヴィヨフによって、何よりも神人論的・三位一体論的宗教であるキリスト教は、何故この「おいてある場所」を必要とするのであろうか。「神人論」に述べられている記述に従えば、神の有する自己認識、観念は、必ずしも、常にこの観念を実現する「場所」をもたねばならないという。キリスト教においては、もちろん父なる神の活動の永遠の対象として、すでに子としてのロゴスが存在する。しかしロゴスは神の対象であるとともに神自身である。ロゴスは発言せる御言葉としての神である。ところで、この発現するということが、すでに神にとって他者を予想させるのだとソロヴィヨフは強調する。彼はこの「神にとっての他者」、あるいは「場所」に相当するものを、三位一体的ソフィア論として展開するのである。

「ソフィアとは、神的統一の原理をもって貫かれた神の体であって、この統一を実現し、保持するところのキリストは、ロゴスでもありソフィアでもある」という。この彼の所説では、神の直接発現たる本源の統一作用はロゴスであり、本性以外の二次的派生統一が、個々の生ける実体を自己の中に包容するソフィアである。したがって、この「ソフィア」あるいは「世界霊魂」は、一方では神のロゴスを感受し、神の統一にあずかりながら、他方雑多なる所造的な生ける魂を包括する故に二重性のものである。絶対者と相対者の、あらゆる相矛盾するものの自己同一の場が実に鮮やかに的確に表現されている。

だからキリストという神人有機体においても、キリストが自己の体に全一を表現する原理が、御言葉であり、ロゴスであり、ロゴスによって造られ、具体化された限りにおいての全一が、ソフィアなのである。この意味でソフィアは「キリストの体」、「神における自然」、あるいは「キリストに含まれた人類」「神的統一原理に貫かれた神の質料性」であるともいえる。

以上の叙述によって、ソロヴィヨフがソフィア論として指示しようとしているものは、まことの神・人性誕生の「場所」であるあの大地的霊性の理念化の試みであることは容易に理解されるところである。ロシア思想において、この「ソフィア」の中に「母なる大地性」と、「永遠に女性的なるものの形而上的性格」を見る根強い傾向には深い根拠あってのことといえる。
ソロヴィヨフの著しく新プラトン派的な、宇宙的グノステックな「三位一体的ソフィア論」は、絶対矛盾的自己同一の場所的論理、あるいは西田のいわゆる「叡智的世界」を想起させるが、私はここにソロヴィヨフと西田の相互超克の課題が横たわっているように思われてならない。

私はドストイエフスキーを介して、学生時代からこのウラジミエル・ソロヴィヨフの思想に深い同感を禁じ得なかったにもかかわらず、どうしても新プラトン派的な、グノステックなキリスト教把握が、著しく福音を形而上的に歪曲しているように思えてならなかった。著名な「ロシア思想史」の著者マサリックが指摘するように、ロシア思想家の中で最も調和的にみえ、カラマゾフのアリョーシャに比せらるべき天使的霊性と、卓越した思弁力に恵まれたこの哲学者にも、どこかに自己分裂のミュトスを宿しているのは、このグノステックな把握と福音との間に深い微妙な距離があったからではないかと私はみる。マサリックはソロヴィヨフの担った近代人の分裂性は、結局のところ天上と地上とを結びつけることが出来なかった点にあると指摘している。彼は過去と現在とを調和させることができず形而上学的で、内心純粋に福音的でありつつ、表現としてはスピノザ的汎神論に傾いた。

この点、西田哲学の「絶対無」の思想は、ソフィア即ち「叡智的世界」を超えつつこれを包むものであり、ひるがえって超越的実在の啓示面においては、「三位一体のおいてある場所」となりうべき豊かな可能性を内在しているという点において画期的である。

ここにおいて、絶対者と相対者とを並存させる「場所」は、どうしても世界霊魂とかソフィアではなく、「絶対無」として、事実に即して宗教的に把握されねばならない。

したがって、絶対矛盾的自己同一の「全仏即人」の論理は、その超越的延長線上に、キリスト教的神人論の動的な啓示受肉真理にまで透徹され、そして、逆にドストイエフスキー、ソロヴィヨフ的なソフィア論は、さらに事実の底に徹して平常底化さるべきである。そしてこの新たな綜合というより創造命題は「三位一体的場所的無」の問題として、信仰の論理に透入するものとならなければならない。この具体的遂行によって、天の論理と地の論理は、東の果てから登る太陽の光線が大地を照らすように、一致と出会いの場を見出すことになるであろう。

この時はじめて「絶対無の場所」は、天地創造に際して神が置き給うた「創造的無」として、あるいは聖母における fiat「成れかし」の精神として、あるいは田辺元の企図した「死復活」のまことの現成として、聖霊とともにある「場」の神・人性媒介一致の論理として、まことの所在を得るのである。

この故に「三位一体のおいてある場所」は絶対無でなければならない。

以上のような信仰と思想における大地性の契機は、最も深い意味では、カトリシズムの永遠な遺産の中に、無自覚的に胎蔵されてきたと私は思う。

この点に関しては、逆説的ではあるが、「キリスト教の本質」に示されたフォイエルバッハの指摘は核心をついている。彼はいう。

「三位一体の神はカトリック教の神である。……三位一体的神が真に宗教的意義をもっているのは、もっぱら凡ての実在的な紐帯の否認に対立してであり」プロテスタント教は、神の母を悟性のため犠牲に供したために、母とともに子と父を、要するに三位一体全体を弱体化したと述べている。

つまり、プロテスタント神学は、地上にあるものすべてを介しての実在的紐帯、グノステックに表現すれば、ソフィア体験、母なる大地の霊性的自覚的体験を否認したために、全人類的・全体的親縁性を忘却し、信仰と理性・知識と行為・精神と肉体・此岸と彼岸との間に絶対断絶を置き、歴史が統合の方向へでなく、分散の方向に流れるに至ったということの指摘である。

ヨーロッパの内的共同体の解体現象は、この内的現実性の抽象からはじまるという彼の洞察は実に鋭い。精神は西欧の歴史においては、現実に分解して、分裂せる反綜合的精神の表現となり終わっている。

それならば、新たなキリスト教の真の普遍性とは何であるか、それはベルヂャエフもいうように「霊の光によって照らされた千差万別の個体を、のこらず包含する具体的統一」をもつのでなければならない。

この具体的実現は将来の課題であり、キリスト教的にいえば、三位一体神こそ「未来の世紀の神」であり、親和力の最高表現である。そして、三位一体における共同愛体験を真に自らのものとし、それを自らの霊性的自覚の中に確立するためには、地上にあるすべてのものを介しての生活経験を「大地性体験」と相即させるのでなければ、決して生ける力とはならない。三位一体のおいてある「場所」の問題が、現代における最深・最大の宗教哲学的課題であると提言する理由はそこにあるのである。

フョードロフの「共同事業の哲学」における指摘をまつまでもなく、キリスト教における三位一体神の教理は、人類の綜合的行為のための「道」を啓示する意味で、全世界史の法則が内在し、われわれにとっての最高の教育原理と知識原理を含み、人類の未来の炬火となるべき無限の光である。そしてこれは「最高の知恵といえども到達しがたく、またそこに感知される心情の温かさにおいては子どもですら容易に理解される」驚嘆すべき教理であるという。

今までの神学や哲学は、この三一性の真理を、何ら歴史的に生かし切ることなく、生ける霊性の自覚原理とすることもなく、ただ抽象的に「玄義」として生活意識の彼岸の祭壇に閉じこめにおくだけであった。しかしキリスト教は何よりもまず「三位一体の宗教」であり、全教義学の頂点を形成し、歴史的にみればヘレニズムとヘブライズムの思想交流の中から、綜合という形で自ずと自覚されてきた真理である。キリスト教が東洋的思想圏に受肉する場合、この生命真理は新たな「聖霊神学」の光の下に、もう一度この三位一体の深淵にして単純な原理が呼びもどされ、自覚されてくるにちがいない。

そのように考えてくると、今まで三位一体の神学が何らの思想も喚起せず、深く意識されることもなかったことはまことに驚くべきことである。かかる神学的偏向は正されなければならない。しかしネメシェギ師が新しい神学の動向を解説した折、述べたことがあるように、「聖三位一体の神学こそは新しく開示された聖書神学、教父神学、スコラ神学等の成果を、一つの新しい綜合像にまとめるその焦点に立ち、その任務は巨人的になろう」という指摘は、明らかにこの課題を予感しているのである。

これは単にキリスト教的世界内の出来事であるにとどまらず、東西思想の緊張と出会いに摂理的意味を帯びて自覚されてくるであろうことは疑いない。その時ただ天上的意味における三位一体は、大地性の自覚としてわれわれの心にまことのキリストの生命を体験することになるであろう。こういう傾向が、日本的霊性を更新し、新しい文化の到来を予告するものであることについては、幾度も繰り返し述べた通りである。


最近、カトリック系思想家の中で、この場所的論理がようやく着目され始めているのは注目すべき現象である。宗教と科学を根源から統一し、めまいをもよおすような壮大な進化論的ヴィジョンをえがいてみせるテイヤール・ド・シャルダンの「宇宙における神の場」あるいは、シモーヌ・ヴェイユの「根をもつこと」。こういう著作は、私が述べてきた思想的事態の天才的・序論的表現である。

日本においては、例えば「日本の風土とキリスト教」というデュモリン師に捧げられた論文集の中で、粕谷師が「出会いの場について」――東洋と西洋・神学と哲学をめぐって――と題して、カール・ラーナー神学の立場から「超自然的実存規定」という、新しい「場」の問題を提起している。

さらに、これよりもはるかに本格的に東洋的無の思潮と対決し、スコラ哲学に新しい展開を画そうと試みているのは、松本正夫氏の『存在の論理学研究』（岩波書店）に収められている「存在の類比」の形而上学的意義である。

ここでは、絶対者たる神と相対者たる被造精神とが共にある包括的「場所」についても論及され、「神人の呼応関係」のキリスト教的条件が類い稀な精密さをもって考察されている。

論旨の重要性から、これについては別個に専門的考察を加えたいと思う。ただここではかってない深い感銘を受けたことを告白しておきたい。

以上、概括的な、まとまりのない叙述に終始したが、ここにおいてはキリスト教的「天」の論理と日本的霊性的「地」の論理は、あらゆる見せかけの矛盾と障害にもかかわらず、究極の統一点が見出され、それが「三位一体のおいてある場所」として把握される時、実に最深の解決がもたらされるのだという結論で満足しなければならない。

東洋というも、西洋というも、所詮は同じ一つの根源から流れ出た二つの支流であり、新しい東西結合の深き媒介契機は、日本的霊性的大地にまかれた神のロゴスの、その御托身の真理の中に最深の根拠を見出すことになろう。

「絶対者の自己表現の形式」といわれる西田哲学の場所的論理の形式性は、ひるがえって「三位一体のおいてある場所」と理解され、永遠のロゴスを受容することによって、神をはらめる大地と化し、その原始創造点から、新しい文化と哲学と霊性が、多産的に生み出されてくることになるであろう。

その時、哲学の果たす役割は、われわれの中にある神の国の象徴的予徴として、その待降節的地点を意味するものとなる。

聖パウロに従って、すでにギリシア教会の偉大な神学者たちは、たえず化肉せる御言葉を、全世界の中心として、アルファでありオメガであるものとして認識してきた。この意味で、われわれの指向するものも単に哲学者の神なのではなく、純粋に宗教的熱望の表現である主イエス・キリストである。

すでに千五百年も前に、聖アウグスチヌスは、キリスト教のみが人類の向かう遥かな故郷への道を見出したのであると述べ、これに加えて哲学は遠方からこの道を認め、丘の上からこれに挨拶を送ったのであるといった。

それ故に私は、近代日本の宗教的、並びに哲学的志向は、宗教進化の全内容を包括しつつ、ただ一つの積極的要素といえども除外しない宗教哲学的綜合を試みつつ、キリスト教に道を整え、その出会いの普遍的意義を論じてきたつもりである。これは私の場合、何らの特殊な宗教的意図をもつものではない。

啓示真理の核心を三位一体の論理として把握し、人間自覚の最根源的な論理を「場所」と捉えることで、大盤石の確信をもち「三位一体のおいてある「場所」」としての絶対無を来たるべき聖霊神学の土台とする構想をもって、この章の要旨としたいと思う。

第八章　日本的思惟における「絶対弁証法」と三位一体の実存弁証法

私は今まで、鈴木大拙、西田幾多郎、田辺元、波多野精一など、近代日本の代表的宗教哲学者の中心を流れるイデーを追求しつつ、日本の神学の創造的基盤は、結局のところ、三位一体のおいてある「場所」としての「絶対無」にあることを論じた。

西田のいわゆる「絶対無の場所」とは、根本的には三位一体の自覚の場を意味することによって、最深の意義を担うことになるのである。霊の啓示は三位一体の啓示である。ベルヂャエフもいうように、三位一体の啓示は歴史的キリスト教の影になって埋もれていた。神はキリスト教においては、一神教的・君主的宗教ではなくして、何よりも神・人論的・三位一体論的宗教である。このようにみてはじめて、内的生や歴史に活動する霊の啓示をみることが出来る。

神・人性の啓示は、信仰的・霊性的自覚を通じてのみ成就されるものであり、その霊性的自覚は大地性の認識を通じて、はじめてわれわれに受肉するものとなる。

西欧の立派ではあるが、どことなくわれわれの気質と合わず硬直化したキリスト教を、既成宗教の衰亡化から救うためには、今までとは違ったキリスト教思想の誕生が必要なのである。

私はこの意味で西田のいわゆる絶対無の場所の真理を、キリスト教の立場から自らの中に内面理解することによって、逆に東洋的霊性の広大な沃野を自らの「根」とする年来の宿願を探究してきたつもりである。そのために絶えず西田に即しつつ、内在的にキリスト教的超越の方向を模索しているのである。これは日本におけるキリスト者の不可避的な道であると思う。

西田もいうように、宗教はどこまでも内在的に超越的でなければならない。しかしより本質的には、逆に超越的で内在的でなければならない。内在即超越、超越即内在の、むしろ絶対矛盾的自己同一の立場において、宗教が成立するということは事実である。

宗教は従来のような、主語的論理や、対象論理では把握出来ない。それは少なくとも一面的であり、宗教についての多くの誤解がここから生じたことも確かである。西田はこの抽象論理的立場から、神学的に宗教を考えることに反対し、宗教を考える立場、つまり「宗教論理は、どこまでも歴史的世界形成的として、絶対弁証法的でなければならない」という。

私はこの西田哲学の最後的な定式化である絶対弁証法的把握に多大の興味をもつ。これはヘーゲルを媒介とし、ヘーゲルを超えた、まことの日本的思惟における絶対弁証法としての定式化である。西田が日本的考え方に論理的基礎を与えられたというその最高の形式が、この「無の弁証法」である。

これは現実即絶対の探究であり、心の論理であるとともに、歴史的世界の論理といわれるものである。現実における矛盾を介して、歴史的、世界形成的として、絶対現実、あるいは宗教的現実の最高の自覚へと自らをもたらすものである。

そして、普遍宗教といっても、歴史的に形成せられた既成宗教である限り、それを形成した時と場所によって、それぞれの特殊性をもつものであり、何れも宗教の本質を具備しながらも、長所と短所があることはやむを得ないが、将来の宗教、あるいは文化の新しい方向としては、キリスト教的内在の宗教よりは、内在的超越の方向にあり、「自然法爾的に、我々は神なき所に神を見る」仏教の立場から世界史的に、新しい時代に貢献すべきものがありはしないかと問い、この使命に即応できない因襲的既成仏教を手きびしく批判している。

一方、キリスト教に対しては、ドストイエフスキーの、イヴァン・カラマゾフの有名なキリスト来臨の劇詩を引用しつつ、西田独自の解釈を加え、新しいキリスト教的世界は、「内在的超越のキリスト」によって開かれるかも知れないといい、中世的世界の自覚的中心となったキリスト教の、対象的に超越的な、君主的神の宗教様式を、キリスト教自体の中から否定していくべきだと訴えている。

私はこの洞察に深い真理を認めるものである。「場所的論理と宗教的世界観」が書かれて以後二十年余、時代の傾向はこの卓越した指摘の真実性を、雄弁に証してあまりあることであろう。

しかしここで将来のキリスト教のあるべき特色を「内在的超越のキリスト」と解した場合、人はその表現の唐突さに驚くであろう。だがここでその意味を「内面的キリスト化」とのみとるような、安易な即断を下してはならない。キリスト教的観点からみて、真の神の啓示とは、従来まで一方向に強調されてきた超越的なるもの——あるいは神的なるものの人間における啓示のみでなく、逆に神的なものにおける人間の啓示をも意味するものである。これこそベルヂャエフの神・人論の核心である。

神と人間の関係の弁証法的な歴史的経過は、ある場合には神的なものが人間的なものを吸収して一神論的君主政体的傾向が生じ、ある場合には神的なものが人間的なもののために吸収されてしまった。そして第三の形態は関係自体から出発して、「全仏即人」の絶対弁証法を形成するに至った。

しかしまことの神的なものと、人間的なものとの実存弁証法の根本構造は、三位一体的である。神的なものと、人間的なものとの間にはいかなる同一性も存しない。しかしこの矛盾せる両性質は、絶対矛盾的自己同一的に、神的な三位一体において統一されている。

神的三位一体は、永遠において神の他者があり、神・人性という根本特質において、神が全宇宙に遍満する霊性的事実であることを意味している。

それ故、超越的なものは人間の外部から来るよりも内部から来る。

したがって「内在的超越のキリスト」とは、神の人間への運動に逆対応して、むしろ人間の神への運動を意味するものであり、キリストの人格《ペルソナ》においてこの神秘が現実に、事実的に結合している。

神における人間の生誕――これこそ西田のいわゆる「自己否定において神を見る方向」である。

大地性を媒介としてのこのような信仰真理の追求こそ、来たるべき世紀の究極の土台なのであり、温床の草花ではない堂々と働く宇宙精神の自覚とつらなり、創造的福音的生命の自覚をうるのである。このようにして悩める精神こそ、まことの罪の赦しをうるであろう。多く愛する者こそ、多く赦されるのである。

かくて存在の秘義は、存在根拠なる神と、ロゴス根拠なる受肉のキリストと、その媒介たる生命根拠としての聖霊の啓示の光の中で充足的理解をうることが可能となろう。

私は西田の「内在的超越のキリスト」をこのような意味に理解している。

この意味で、日本的思惟における絶対弁証法は、われわれの思索の不可避的前提であることを認める。しかし日本的霊性の理念の、啓示受容的な、キリスト教的把握においては、三位一体の実存弁証法として理解されねばならないであろう。かってヘーゲルは、三位一体論を、あらゆる宗教的意味の欠けている純粋に哲学的な三・一説に置きかえたといわれる。

ヘーゲルの功績は、カント哲学を発展させることによって、機械的・抽象的な現代意識の世界像を打破した点にある。主観・客観という分離された半球は、現実において同一になるという根本思想を確立し、新しい哲学史の領域に「現実的なるもの」の革命的提示を行った。

彼が方法として用いた弁証法とは、元来ドイツ観念論においては、種々の立場を包括し、その統一的現実性に至るための方法であった。措定—反措定—綜合というトリアーデに基づく運動法則は、その中に同一性体系が時間的・歴史的に展開されるその形式なのである。

かくしてヘーゲルの弁証法は、宗教と哲学、社会と個人、実践と理論、さらに神と人間、絶対精神と個別的精神、精神と自然、有限者と無限者、一と多、あらゆる対立と矛盾の自己同一を観照せんとする本質的媒介を確立するに至るのである。

この意味でヘーゲルの論理学は、キリスト教的三位一体論の、哲学的自覚への誤れる翻訳として、すべての対立を克服した世界像の全一的自覚をもたらそうとする試みである。この立場からみれば、啓示宗教たるキリスト教も、絶対精神の象徴にとどまり、哲学に従属するものと考えられている。

それに比較すると、西田の絶対弁証法は、ヘーゲルの弁証法より明らかに具体的である。

ヘーゲルの概念は、西田の絶対無の場所によって既に止揚されており、この「場所」にあるものの一々が個物的であるこの現実の世界を、弁証法的一般者の主語的限定において見れば、客観的弁証法の世界が考えられ、これを述語的限定においてみれば主観的弁証法の世界というものが考えられる。前者をマルクス的といえば、後者をヘーゲル的ということが出来、ともに真の弁証法ではないとする。

西田はこの意味で、あらゆる哲学は決して「現実世界」そのものを説明することはできないとして、絶対弁証法を形成したのである。絶対弁証法はこの意味で、「現実即絶対」として、歴史的世界そのものの論理であり、世界が自己自身を説明し、絶対否定即肯定である絶対的自己否定によって、世界が自己自身を説明するところの論理である。

「私の神というのは、所謂Gottheitの如きものをいうのではない。自己自身において絶対の否定を含む絶対矛盾的自己同一であるのである」「この絶対矛盾的自己同一としての絶対現在的世界は、何処までも自己の中に自己を映す、自己の中に自己の焦点を有つ。かかる動的焦点を中軸として、何処までも自己自身を形成して行く。此に父なる神と子と聖霊の三位一体的関係を見ることが出来る。」という。

この意味で、われわれの人格的自己は、このような具体的・全体的「世界」の、三位一体的関係に基礎づけられるものとして、自己と世界、個々と全との矛盾的自己同一的に、全心即仏、全仏即人の即非的一の弁証法である。

したがって、キリスト教的神・人論、三位一体論とは、対蹠的であるにもかかわらず、霊性的事実の、内的自覚として、深く理解しうるものをもつであろう。キリスト教的神・人弁証法と、仏教的な全仏即人の「般若の即非的弁証法」は、その内実において、キリスト教と仏教だけの差があることは確かである。

しかしこの日本的思惟における絶対弁証法は、観念弁証法と唯物弁証法の抽象的一面性を包越するものとして、実存的に解される限り、キリスト教と深く交錯する一面をもつことは否定出来ない。

ベルヂャエフが「神と人間の実存的弁証法」で述べているように、神的なものと人間的なものとの「神・人間」の啓示は霊性においてのみ成就し、それは自由と愛と創造力の啓示、神的被造物（人間）の啓示であるであろうという指摘は正しい。

「このようにして神秘的否定論的神学と実存的肯定論的人間学の融合が行わ

れ」「ドイツ理想主義と旧教と新教の胎内で生じた近代の諸思潮との連関において形成されたもろもろの論争は、全く凌駕されたものとみることが出来る」のである。

それだけではない。この把握は、宗教における東洋と西洋を考える場合の最も深い媒介契機となることを信じて疑わない。

第九章　世界教会の理念における日本の霊的使命

――カトリシズムの自己更新と日本的霊性の出会い――

私は今まで、近代日本精神史の絶頂を形成するような、代表的な宗教哲学思想に流れる一条の歴史的イデアを追求し、日本的霊性文化の、キリスト教を媒介とした新しい精神の誕生がいかなるものであるべきかを論じた。

私は宗教哲学を媒介としながら、私なりに納得のいく仕方でこの日本の大地の上に新しいエルサレムを探究しようとしたのである。そのために歴史的な諸々の現象形態を切りすてて、カトリシズムの最本質的なものと、日本的霊性、文化の理念との切り結ぶ接触点がどこにあるかを、主体的な身上にひたすらに模索してみたのである。

このような試みは、現在のベトナム問題や大学問題など、目前の不安や悩みに目を奪われているわれわれには何の意味もないように映るであろう。しかしその裏にはそれよりもはるかに重要な意義をもつ運動が進行していることを、われわれはひそかに体験する。

トインビーがはるか以前に予測したように、――千年後の歴史家がこの現代を歴史に書く時に、その興味の焦点に立つのは、資本主義と共産主義の間の争いではなく、仏教とキリスト教の相互浸透からくる新しい文化の到来であろう——と。これはすでに私共の心の葛藤として日本人の心深く体験されはじめている。この衝動は幾度も強調するように、何らの宗教的党派心をもつものではない。ただ日本という大地におかれた霊性的実存の一つの必然的・運命的道行きに過ぎない。

かって、フーゴ・バルはニイチェの超人主義から、R・Tゾルゲ・クロデールなどの媒介によって、カトリシズムへと回帰するにあたって、「わたしひとりだけで改宗することはできない。全イデーがそれに伴わなくてはならない」といって、「ドイツ知性批判」を自らの運命的課題として引きうけたといれる。私はこの姿勢に深い共感を覚える。

われわれの、日本的霊性的大地におけるキリスト教的体験の深まりは、その霊性・文化の哲学的根源をも、必然的に実存転換させる底のものでなければならない。この意味ではそれを表現する方法として、どうしても宗教哲学が媒介されなければならないのである。

そして私は、伝統と創造の課題における日本的霊性の理念の、新たな創造的契機として、敢て根源的カトリシズムに着目したいと思う。何故なら日本的霊性の理念は、本質的にカトリシズムの母胎を備えているからである。無限に包みこみながら個を生かし、包括的創造的に生々発展してゆく内部体系は、生動するカトリシズムの本質的機能である。

明治百年の栄光と悲惨を、歴史的ニヒリズムの根源から体験したわれわれが、衷心から希求するものは、破産しつつある近代ヒューマニズムの断片的所産ではない。

これらの矛盾する歴史的課題を、真の多様性の統一において把握しつつ、これに動的な照明を与え、新しい民族の根源を形成しうるものは、カトリシズムの外形ではなく、その奥にはらまれている深奥な霊的遺産であると私には思われる。それは予感しうるものには、すでに深い時の摂理に属する。「神をはらめる民」としてのわれわれは、このことに深く思い致さなければならない。

そして、日本的霊性の理念の最深の表現は、究極的には「絶対矛盾的自己同一」

として、ギリシャ論理よりは、はるかにわれわれ日本人の霊性的事実にも透徹し、カトリシズムに内在する一つの絶対媒介の弁証法的機能を果たしているのである。

カトリシズムもまた古来、本性から「普遍性」を追求しており、ニコラウス・クザーヌスによれば、むしろ「反対の一致」といわれる総合的機能の中に、端的にその精神が具現されているという。西田もまたクザーヌスの思想との親近性を、しばしば告白しているのである。西欧的型のカトリシズムは、まことの世界教会の自覚を深めつつ、東洋的霊性の論理を自らの内部に発見しつつある。

神の創造的御言葉の民族的ひらめきは、神のまき給えるロゴスとして、含蓄的に存在し、何らかの意味で、普遍教会の理念を反映し、それに呼応・流入する傾きをもつものである。この意味でわれわれは、世界教会の理念における日本的霊性の理念を、今こそ積極的に問うべき段階に突入したと考える。

今や世界は一体化し、新たな一致と総合の時代にわれわれは突入しつつある。現代われわれに深く要請されていることは、人間存在の運命にとって、最深の問題である「霊性の獲得」というテーマであり、東西思想の相互透入は、日本というエネルギーの充満する肥沃な土壌の上に、新たな統合の証しである霊性的自覚の焦点を求めて、渦巻き、主体的自覚契機を待っているといえるのであろう。

先に引用したロシアの宗教思想家、ウラジミエル・ソロヴィヨフは、ロシア精神の最深の使命について次のように述べている。

「如何なる新しい使命をこのロシア民族が人類のために担うか、世界の歴史において如何なる役目をこのものが演ずるか、これらの問題に対して答えるためには、我々は今のいわゆる与論に聞いてはならない。我々はその答えを宗教の真理の中に求めなければならない。何となれば民族国家の理想は、その民族、国家なりが、時間的に考えるものではなくして、実に神が永遠に考えているところのものだからである。普遍教会の生活に参与するということ、そうして、しかも民族なり国家なりの特殊能力と強さに応じて、普遍教会の生活に参与することが、各民族、各国家の唯一の目的であり使命である」という。

ドストイエフスキーの生きた時代に、民族や国家の理念を背景にしながら、ついに人種や民族性をのりこえて、特殊即普遍主義を貫き、終局的にはカトリシズムに回帰しようとしたソロヴィヨフの、深く開かれた魂は、われわれの行方にも輝かしい光を投げるものである。

日本精神史の将来も、単なる近代的啓蒙思想とか、マルクシズムの観点からの解釈のみでなく、民族的イデアの原型をなす世界教会の理念が、何らかの形で反映するものでなければならないと私は思う。

トインビーはいう。「人類の現状は、文明の目標は何かという問いと、さらに、文明はこの文化の特定の種の力だけに頼って、改革し救済することができるかという問いを提起する」と。これが現代が現代に課す最大の挑戦である。彼は文明の原罪からの克服を、「文明はそれ自体の力だけでなく、高度宗教の力に頼ることによって初めて救われる」として「現代世界の大いに必要とするところのものは、超自然的信仰の再生ということだ」と確信するに至ったといっている。

トインビーは日本において「キリスト教の本質」と題して講演し、日本人の霊的な渇望に答えられるキリスト教の本質は、不必要なギリシャ哲学や、神話という上衣をかなぐり捨てて伝えられるならば、大きな実を結ぶであろうと述べている。

このように考えるとき、私が今迄述べてきた問題の核心が、この要請に深く答えるものであることは明らかであろう。それはプロテスタンティズムの原理ではない。現代のプロテスタンティズムには非常に進歩的な、すばらしい純粋さがある反面、抽象的で、まことの大地性、大拙のいわゆる母性的なるもの、永遠に女性的なるもの、深い宗教的側面が欠けているように見えることがある。いかなる宗教に属しようと東方的精神は、母性がなければ心の安らぎを得ないのである。

「三位一体のおいてある場所」としての「絶対無」は、ある意味で、その超越と内在との関係において「形而上的女性原理」を意味するものである。

カトリシズムの遺産の中には、現代すでに見失われているこの大地的霊性の深奥な貯蔵がある。人間を大地や自然から引き離した資本主義と技術文明の必然的な結果として、もはや人間は大地によって、みずからを養う存在ではない。将来われわれはその大地性の真の意味を宗教からくむことになるのである。

ある意味で男性中心につくられてきた文明は、危機に臨んで女性原理の復権を求める動きとなるのは当然である。

ベルヂャエフもいうように、女性は今後の宗教的復活に重要な役割を演じ、女性的要素の光化、性的、生殖的精力の創造的精力への転換として、生の根本問題として前面に登場するようになるであろう。女性上位時代はその逆説的・世俗的展開のはじまりである。


かくして、世界史的立場に立つ日本精神の行方は、その最深の意味において、日本的霊性的大地（理念）をふまえたカトリシズムの問題である。

そして、カトリシズムが、真のカトリシズムそのものの生命機能をもち、全人類の兄弟関係の創造を最大の課題として自覚するものであるならば、東洋的無の自覚を媒介とした天の論理と大地性の論理との出会いの場の追求は、想像を絶する深い意味をもつに至るであろう。

この現実的世界にあって、より現実的なるものは教会であり、教会の内的現実性は、神との直接な、霊的体験としての一致を意味するものであろう。これは主観性ではなくして深き「体験のドグマティク」である。

これが単に個人にとどまらず、実に人類の精神史と教会史の深奥な流れに見入る者は、教会の成長そのものが、歴史的状況に即応して教会的生命の土壌ともいうべき民族の大地性と密に結び合っていることを認識せざるをえない。民族性というものも、教会の成長にとっては母胎の役割を果たすものであり、恩寵も歴史形成のパン種として、自然の所定に応じて働くものである。

われわれは、このような事実に基づき、日本の単なる特殊性でもなく、あるいは単なる平板な世界理念でもなく、特殊即普遍的な、世界教会の理念における日本の霊的理念を探究しようとしたのである。ここにおいて西田と田辺がはげしく論争し合ったような「類」・「種」・「個」の論理的関連が透徹して捉えられるようになるであろう。

今日、日本的霊性のふところで行われている自覚は、やがて将来世界人類的なものの中に流れ入り、東洋的であるばかりか、西洋的となり、文字通り「世界教会の理念」として自覚されるに至るであろうことを確信せざるをえない。

われわれは、ダールマン師の、いわゆる「アジアを一にする原理」をつかんで、古い由来を新しい精神で生かす試みを私なりに探究してみたつもりである。しかしこれは結論として、あまりに大きな課題であったように思う。

しかしドストイエフスキーのいうように、優れた国民であるほどのものにとって、世界史的に召命もされず、偉大な使命を自覚しないことはありえないのである。私は西田が「そこからそこへだ」と教えたものが、キリスト教的にいえば、「三位一体のおいてある場所」としての「絶対無」なのだという重要な指摘をもって、この章を完結させたいと思う。

今や世界は加速度的に一体化し、新たな一致と総合の時代にわれわれは突入しつつある。第二バチカン公会議はその序幕である。永遠的現実は、多くの世界像や思索方式によって、明らかにされていく外はないが、この場合、「東洋的無の思想」はギリシャ思想以上に、教会的生命の霊的自覚とカトリシズムの自己更新に貢献するであろう。私はそれを確信して疑わない。

このようにして『カラマゾフの兄弟』におけるアリョーシャの、いわゆる「天」

と「地」は一致し、「新しい地と新しい天」があらわれるのである。
日本における著名な百姓哲学者・江渡狄嶺が、その全く独創的な『場の研究』でいっているように、彼の「場」のそれは、

天上のものを地上に下し
地上のものを天上に上し
上下両片を打して祇管一行とし……

その絶対媒介こそ「場」だと彼はいうのである。味わうべき言葉である。

第十章　日本私学の「道徳・宗教教育」についての一提言

紆余曲折を経た「伝統と創造の課題における日本的霊性の理念」の探究も、ひとまず終結に達した。これは私自身の力量にあまる問題であることは、最初から承知しているのであるが、どうしても回避することが出来ない切実な問題のように感じられたのである。

一見問題は抽象的にみえようと、その動機は教育の場にあっての切実な発想であったと私はいいたい。

ごく最近、玉川大学から、玖村敏雄編『教育における伝統と創造』が出版された。その中に例えば、稲富栄次郎教授の「日本における教育哲学の課題」という論文があり、現代における日本の教育学の位置と創造の問題が問われていることが注目される。ここで稲富教授は日本の哲学、あるいは教育哲学界をして、単なる「哲学思想の百貨店」たらしめるか、あるいは日本をして東西文化の融合という世界的使命を達せしむべきであるかの岐路に立つ点を指摘し、日本人にその能力があるかと問い、巨大な総合力となるべき根源的なものの不在を訴えている。

日本においては、このように教育哲学そのものの根底が不在なのである。

このように考えるとき、たとえ私の論述に多少の混乱と稚拙さがみられようと、問題志向の核心において、狂いなくその根源的なものに透入していることを信じて疑わない。

この点、現代の教育は重大な忘れものをしているのである。

私は端的にいって、戦中から戦後にかけての教育体験を通して、いわば教育されてきたものの側からいって、最も欠落していたものとして、人間本性における「霊性」の無視をあげうると思う。これは戦後、梅原猛氏によって「日本人の宗教的痴呆」現象として鋭く告発されたところのものである。

人間本性の究極的関心として、幼年時代からすでに鋭いひらめきを見せる「理性」の根源としての「霊性」は、現代の「根こぎ」にされた文明条件の中で、完全に無視されてしまう。大悲即大智といった深いまことの人間性の芽は、それにふさわしい洗練をうけることなく、単なる浅い意味のしつけや、やさしさに還元され、霊性自体に透入することはない。

私は宗教といわず、敢て「霊性」という。それは宗派性むき出しの、神学や教義によって、極度に抽象化して生命を失うか、マルキストによって嘲笑の的となった権力追従的な、時代の「阿片」と化した既成宗教の宗派的偏見を混同せず、その個の人間性から流露する、じかの普遍的霊性を意味するためである。

『現象としての人間』の著作によって著名なテイヤール・ド・シャルダンは、幼年時代の内面生活の特徴をかつて次のようにえがいたことがある。

> すべてのもののうちに、一種の〈絶対的なもの〉を把握したいという要求が、幼年時代から生活全体の軸をなしていた。この時代のいろいろな楽しみの中で、わたしの幸福といえるものは、より高貴な、より堅固な、より不変なものを所有することによって得られるような根本的な歓びのうちにしかなかった。あるときには小さな金属の一片が関心のまとになり、あるときには正反対の飛躍をして霊的な神の思いに夢中になった。
>
> ……わたしの内面生活の歴史は、ますます包括的で完全なものになってい

く現実に根ざしながら、この「至福なるもの」を求める歴史であった。この生まれながらの強い傾向は、自己を知るようになってから、ずっと一貫してつらぬかれている（『わが宇宙』）

どんな人でも、自己の姿を過去に還元して原点に至れば、かって魂の底に何か抑えがたい憧れが現存し、これ以外のものがすべてアクセサリーに見える、あの「究極的関心」があったことに思い至るであろう。

人間本性の究極的関心とは、人間の運命についての根本的直観であり、予感であり、思索である。霊性的思惟である。

この魂の種苗こそ人間の究極的テーマというべきものである。しかしこのような問いを持つものは、現代日本の教育課程にあっては、パンを求めて石を与えられる甚だしい「宗教的痴呆現象」を体験しなければならない。

すべて「本質的なものは何か」を疎外し、時間的余裕もなく、無数のコマ切れ式の知識と、よい子になれ式の浅い躾に狂奔するのが現代教育の大きな特徴である。

家庭像が崩壊し、学校体系がこのようなものである時、一体いかなる内面生活の歴史が子どもたちの中に形成されていくのであろうか。

フランスの女流思想家シモーヌ・ヴェイユは、『根をもつこと』(L'enracinement)という論文集の中で、(一)「魂の要求するもの」(二)「根こぎ」(三)「根をもつこと」の三部から成る文明論を展開し、再建さるべき祖国(世界)の原理をのべている。

ここで、軍事的占領、金銭の力や経済的な支配、一国内部での社会関係、さらに今日理解されているようなかたちでの教育——これらすべて根こぎの要因である。

そして、「労働の霊性」によって基礎づけられた文明を提唱する。そして再建さるべき教育の姿も、まばゆいまでに透徹してえがき出されている。教育は——子どもを対象とするものであれ、大人を対象とするものであれ、個人や公衆やあるいは自己を対象とするものであれ——原動力を生まれさせることにあると彼女はいう。「根づくということは、おそらく人間の魂のもっとも重要な要求であると同時に、もっとも無視されている要求である。」というヴェイユの根本的直覚は、比類なく正しい。

個々のことにふれる余裕はない。ただ私がテーマとしてとり上げた「日本的霊性」の根本理念が、この大地的霊性の場の論理であり、日本古来の神ながらの道から、仏教的世界観の根底を流れる普遍的原理であることを考える時、それがどれほど現代的な根本問題を扱うものであるかに思い至るなら幸いである。

知識は西田哲学でいう「行為的直観」となって、はじめて霊性的根に対する生命的意義と生甲斐をうるのである。

頭の回転が早く、よく覚えることも秀れた能力にちがいない。しかし自分で納得し、時間をかけてある知識を獲得し、自分の中に定着させることは、さらに重要である。

学校教育と創造性という面では、とくに霊性面で日本の教育は全くの「根こぎ」の状態にある。私立学校での、宗教・道徳教育のねらいの核心はここになければならない。

教師は労働者であるか、聖職者であるかという論争がしばしば繰り返される。しかしこの問は時代遅れである。知識を含めた「労働の霊性」に裏づけられた教育こそ、新しい世界の教育のかたちであろう。


高校「倫理社会」の扱いも、ただ「思想の百貨店」の扱いでは意味がない。やはりここでも、日本の思想史的課題というものを核とした「場所的論理的」扱いが必要とされるであろう。「倫・社」の人生観・世界観の中の「現代の思想」はどの教科書も、諸思想の混在する現代として捉えられ、東西思想統一の課題として必ず西田哲学が出てくる。

この日本思想史のかなめをどう解するか、その主体的問は教師の試金石というべきであろう。私の納得のいく仕方でこれを解こうとしたのがこの論文の趣旨となっている。

以上のような立場に立って、例えば具体的に私のようなキリスト教系の学校に所属する者の宗教・道徳教育の根本姿勢がいかなるものであるかが、最後に問われなければならない。

現在多くのキリスト教系の学校は、かってのミッション・スクールの色彩を脱却して、次第に教育自体を前面に押し出し、一般と表面的に大差のないものとなっている。

キリスト教系と限らず、一般の宗門学校においても、その宗教教育の扱いは多くの複雑な問題をはらみ、一般的にみて、それらの学校の社会的・教育的な高い世評にもかかわらず、内的にみて、その精神的な萎靡沈滞は蔽い難いものがあるように思う。これを認めるのにわれわれは率直でなければならない。

その根本原因は、キリスト教的人間像における「建前」と「現実」の乖離から来るのである。キリスト教的人間像をドグマチックに安易に建前として、これを使って現実に迫っていくだけのやり方では、すでに効果がない。そういう時点にさしかかりつつあるのである。

この意味で、現代日本におけるキリスト教教育も、「伝統と創造の課題」として把握される時、最も正しい生きた把握が可能となるであろう。既成の枠を安住の地とするのでなく、現実に直面して常に自己否定に迫られ、自己否定を通して常に根本のところから人間を作りかえていこうとするロゴスとパトスの、霊性的、三位一体的な迫り方が新しいキリスト教教育の真の姿であろう。

聖三位一体的な神の生命は霊覚であり、われわれにとっては教育・知識であり、しかも行為と分離しない知識・真の大衆的・大地的生命につらなる知識である。現代のキリスト教教育はこの本質を忘却していないだろうか。

単なる明治以降の外発的な、西欧を理解する啓蒙的教養としてのキリスト教でなく、真に内発的に、霊性の流露として理解される時、本当に日本の教育のゆがみを正し、心から打ちこめるような人間像の打ち出しに成功するにちがいない。

ここでもまた「伝統と創造の課題における日本的霊性の理念」の探究は教育理念そのものの内的核であることが了解せられよう。

伝統に帰還しつつキリストの信仰に生き、全人格的な在り方の回復を図ること、そのような気迫をどこかにたたえることなくして、教育が果たして熱源をもちうるものであろうか。

かくしてミッションということの意味は、信者名簿を厚くしていくという熱意にのみあるのではなく、その国の文化形成にあずかるという土台をえて、はじめて成育可能な、人格の緑なす大樹たりうるのである。

以上の未熟な結論を一つの詩に結晶させることが可能であるとするなら、私はそれに最もふさわしい高村光太郎の一篇の詩をえらびたい。彼の詩感覚の健全さは、宮沢賢治同様、一種の未来への透視を可能ならしめている。彼はわれわれの郷土岩手に来たり住んで、岩手の地を愛し、イーハトヴォに次のような詩を捧げた。

岩手の人

岩手の人　眼静かに

鼻梁秀で
おとがい堅固に張りて
口方形なり
余もともと彫刻の技芸に遊ぶ
たまたま岩手の地に来り住して
天の余に与うるもの
斯くの如き重厚の造型なるを喜ぶ
岩手の人　沈深牛の如し
両角の間に天球をいだいて立つ
かの古代エジプトの石牛に似たり
地を往きて走らず
企てて草卒ならず
ついにその成すべきを成す
斧をふるいて巨木を削り

この山間にありて作らんかな
ニッポンの背骨岩手の地に
未見の運命を担う牛の如き魂の造型を

あとがき

今回、改めて上梓することになったこの論考は、私がかつてカトリック系の女子高校で、「倫理・社会」の担当教師として勤務していた頃に書かれたものである。当時の私は、青春多感な頃に敗戦による精神の大地震を経験し、その後も生きる根據と思想の再構築をめざして暗中模索が続いている時期であった。

また勤務校がカトリック学校ということもあり、「日本の思想・文化とキリスト教」の根本問題をどう考えるか、それが「宗教・道徳教育」を含め、日常の極めて切実な課題であった。

その場合、私がたどった探究と思索は、遠藤周作のような文学ではなく、体質的なこともあり哲学の方向で、若い頃から親しんできた「西田哲学とキリスト教」

が私のテーマであった。テーマは難解であっても、問題意識は、世界の倫理思想の縮図のような当時の「倫社」教育の日常性から促され、そこに絞りを入れるべく考え出されたものであった。その中に、未来の「日本の神学」の可能性が伏在しているように思われてならなかった。

この点は、後に『沈黙』や『深い河』などの大作を生み出すことになる遠藤周作も、その出発点は、「神々と神と」という日常性の問題をとりあげた文芸評論にあったことが参考になった。

また私は学生時代から、戦後精力的に哲学や思想面で活躍した西田哲学の継承者田辺元の「キリスト教の辨証」を愛読しており、慧眼にも、三位一体の聖霊問題に着眼しながら、田辺が当時の神学者や識者に黙殺され、挫折に終ったことが気になっていた。

私はそうした社会背景と、自己確立の必要から、次第に西田・田辺らの日本近代の哲学を、鈴木大拙のいう「日本的霊性」の自覚の論理と捉えつつ、独自なキリスト教神学の日本的展開を志すようになったのだと思う。そして当時の私の悩みと、紆余曲折を経た最初の試みが、本書の内容になっている。

そうした時期に、たまたま神奈川県の私学教育推進会から、研修奨励と助成の促しがあり、その成果も、何らの制約もなく、思いのまま書かせてもらったことに感謝している。さらにこの冊子が、一九八一年ローマ教皇ヨハネ・パウロ二世の来日の際、三一書房の編集者で、思想家・滝沢克己とも親交のあった桜井法明氏の眼にとまり、私の第一作『大地の哲学』を出版する機縁になったことは、思いがけない僥倖であった。

私はこの機会を生かし、年来の宿願であった日本の大地に根ざす、心から納得のいく、日本の宗教哲学、ないしはキリスト教神学の形成をめざし、その試論を展開することにした。そのねらいは、具体的には西田・田辺らの日本近代の哲学を、日本的霊性の自覚の論理として捉えつつ、カトリック神学の日本的展開を図るというものであった。

これは文字通り私のモノローグに近いものであったが、意外にも、内容が難解であるにもかかわらず、多くの反響があったように思う。特にフランシスコ会の福田勤神父が着目してくださり、現代カトリック思想叢書『日本人と神』（サンパウロ）や、『神の秘義——唯一・三位の神』（中央出版社）の中で、かなりのスペースを割いて紹介してくださったことは、私にとって、大きなはげましになった。またここでは、私が「西田哲学とキリスト教」の間で見出した命題「三位一体の於いてある場所」の発想が高く評価されており、そこに第二バチカン公会議後の刷新の動きが実感され、深いはげましを覚えた。

これを契機にして改めて思うことは、カール・バルト以降の現代神学の課題は、聖霊論を三位一体的に展開するところにあるということである。これは晩年のバルト自身の告白でもある。なぜならパウロも言うように、「聖霊によらなければ、誰もイエスは主だとは言えない」（コリント前書132・3）からだ。このことはすなわち聖霊とは本来、霊性的自覚の霊であることを意味する。そしてこの事実は、自覚の哲学である西田哲学と深く結びつくのである。

二十一世紀は「聖霊の世紀」といわれて久しいが、これまで「知られざる神」として不問に附され、危険視されてきた聖霊が、ようやく学問的にも、霊性的にも、深められる世紀になってきたといえる。

この点において、禅の師家でもあった門脇佳吉神父が第十一回の京都での西田哲学会で講演された内容には、深く共感させられるものがあった。

師によれば、これまでのキリスト教会には、二千年にわたって聖霊について解明できる哲学がなく、そのためにそれに即した具体的な神学が生み出せなかったのだという。そこに西洋世界におけるキリスト教衰退の原因があるのではないかという問いを投げかけられた。門脇師はさらに続けて、自らの禅体験に基き、西田哲学の場所の哲学を解釈しつつ、それがまさに聖霊の働きを解明する唯一の鍵であると主張された。

この点について、学生時代私の恩師であったH・デュモリン先生は「キリスト教は、その東洋的形式を見出しておりません」と言われたことがあり、門脇師の提言は、それを一歩踏み出した先駆的発想であったと思う。

最後に、なぜ私がとくにキリスト教との関連で、日本的霊性の哲学をとりあげるかといえば、キリスト教はその最深の意味において、三位一体の「聖霊の宗教」

と考えるからである。

真のキリスト教は、ここまで掘り下げられて初めて日本的霊性とエコーするだけでなく、真の東洋性と出会い、それを包括し、そのことによって世界的、普遍的となりうるからである。

またこの「日本的霊性」という統合原理は、日本文化の独自性を生み出すと同時に、キリスト教の統合原理でもある「三位一体」の聖霊と結びつくことによって、初めて本格的な聖霊神学の成立を可能にする。

キリスト教の三位一体論は、アウグスチヌスにみられるように、ヘブライズムとヘレニズムの統合といってよく、私の場合は、さらに西田哲学の絶対無の場所論を導入して、東洋性を媒介させようと思案を重ねてきた。

私はこうした見地に立って『大地の哲学』（三一書房）から『大地の神学』（行路社）『大地の文学』（春風社）の三部作に加え、さらに春風社から『絶対無と神』『聖霊の神学』『随想　西田哲学から聖霊神学へ』など、六冊の著作を上梓してきた。

そしていま現在の地点に立ってこれまでのはるかな思索の歩みを振り返ってみ

るとき、これらの著作を貫ぬく問題意識と論旨が、すべて直観的に本書の中に孕まれ、胎動し、「生まれ出づる悩み」として表現されていた気がしてならない。

その意味でも、若き日のこの論考は、私にとって思い出深い作品であり、もう一度この原点に立ち帰って、今後の展開に備えたいと思う。

初の書籍化にあたり、明らかな誤植を訂正した以外は、固有名詞の日本語表記を含め、時代の息吹そのままの再現を念頭に置き、あえて修正は施していない。

最後に、この度も深いご理解と洞察力をもって、多くの助言とはげましをいただき、自ら校正の労まで荷って下さった春風社社主の三浦衛氏に、深く感謝申し上げたい。

二〇二二年春

【著者】小野寺功（おのでら・いさお）
一九二九年岩手県生まれ。上智大学大学院哲学研究科修了。清泉女子大学名誉教授。主な著書に『絶対無と神——京都学派の哲学』（二〇〇二年）『聖霊の神学』（二〇〇三年）『大地の文学［増補］賢治・幾多郎・大拙』（二〇〇四年、以上春風社）がある。

日本の神学を求めて

二〇二二年五月一四日　初版発行

著者　小野寺功　おのでら いさお

発行者　三浦衛
発行所　春風社　Shumpusha Publishing Co., Ltd.
横浜市西区紅葉ヶ丘五三　横浜市教育会館三階
〈電話〉〇四五・二六一・三一六八　〈FAX〉〇四五・二六一・三一六九
〈振替〉〇〇二〇〇・一・三七五二四
http://www.shumpu.com　☒ info@shumpu.com

装丁　矢萩多聞
印刷・製本　シナノ書籍印刷株式会社

乱丁・落丁本は送料小社負担でお取り替えいたします。

ISBN 978-4-86110-809-9 C0010 Y2200E